일러스트 _ 오병은

오광수

이제 와서 사랑을 말하는 건 미친 짓이야

애지시선 081

이제 와서 사랑을 말하는 건 미친 짓이야

2019년 5월 8일 초판 1쇄 발행

지은이　오광수
펴낸이　윤영진
홍　보　한천규
펴낸곳　도서출판 애지
등록　제 2005-000005호
주소　34570 대전광역시 동구 대전천북로12
전화　042 637 9942
팩스　042 635 9941
전자우편　ejiweb@hanmail.net

ⓒ오광수 2019
ISBN 978-89-92219-81-5　03810

* 저자와의 협의에 의해 인지를 생략합니다.
* 이 책 내용의 전부 또는 일부를 재사용하려면 저자와 애지 양측의 동의를 받아야 합니다.

예지시선 081

이제 와서 사랑을 말하는 건 미친 짓이야

오광수 시집

〈일러두기〉
본문에서 〉는 '단락 공백 기호'로 다음 쪽에서 한 연이
새로 시작된다는 표시이다.

□ 시인의 말

 말하자면 첫사랑이었다.
 잠 못 드는 신새벽에 가끔씩 그를 소환할 때면 가슴이 저릿했다.
 저잣거리는 번잡했고, 술은 달콤했기에
 그가 없어도 견딜만했다.
 느닷없이 열병처럼 그가 다시 그리워졌을 때
 내 안에는 풋풋함도 뜨거움도 남아 있지 않았다.
 좀 더 서둘렀어야 했다.
 늦은 첫시집을 낸다. 늦었다고 생각했을 때가 가장 빠른 때라는 뻔한 거짓말을 믿어본다.
 글 쓴다고 나대다가 느닷없이 기자가 되어 쏘다니는 아들을 묵묵히 지켜봐 주신 부모님께 이 시집을 바친다.

2019년 봄
오광수

차례

시인의 말　005

제1부 우리도 꽃처럼

맨 처음의 봄　012
봄눈　014
이른 봄 강구에서　016
우리도 꽃처럼　018
이중섭 1 — 가족들에게　020
이중섭 2 — 달과 까마귀　022
겹동백　023
황야의 늑대 — H에게　024
해금강　026
해녀　028
빗살무늬 토기　029
이 땅에 살면서 1 — 목숨의 뿌리　030
이 땅에 살면서 2 — 사랑 및 소절　032
그 여름의 내 감꽃　034
파로호의 봄　036
시인　038

제2부 엉거주춤

섬목에 와서 040
엉거주춤 043
사람 풍경 1 — 갠 날 저녁 044
사람 풍경 2 — 초록 나귀 045
사람 풍경 3 — 해변 마을의 밤 046
탈을 위하여 048
호박 050
봉숭아물 052
봄 탓 053
할머니 054
까치밥 055
화전민의 꿈 056
서울의 우울 058
마른 풀들에게 060
눈의 무게 063
다산의 말 064

제3부 봄날의 애인들

봄날의 애인들 068

꿈 069

보리밟기 070

묻혀져가는 것들을 위하여 – 대청댐 수몰 지구 072

멸치 074

해탈 075

남한강에서 076

갈매기 078

가을의 야윈 어깨 너머 080

박용래 081

눈 쌓인 놀이터 084

봄에 홀려 늙는 줄도 몰랐네 086

시시한 시 088

제4부 가을은 늙지 않는다

것들 092
담쟁이넝쿨의 꿈 093
아름답군 094
고요하고 투명한 096
가을은 늙지 않는다 098
가을의 눈썹 100
가을밤, 외로운 밤 102
어쩌라고, 이 가을 104
갠지스 강가에서 106
황산벌에서 109
저승의 강 112
카멜레온에게 114
구두수선공 삼식이 116
돌아가는 저녁길 118
둥근 마음 모아 당신을 부를 때 120

나는 꽃, 너는 별 121
아픈 별 하나가 122
비닐우산 123
한 사내 — 가수 조영남 124
킬리만자로 — 가수 조용필 126
세상에 건널 수 없는 강은 없다 — 가수 한영애 128
구월의 장미 — 가수 이소라 130

해설 | 유성호 133

제1부
우리도 꽃처럼

맨 처음의 봄

봄꽃이란 봄꽃 다 피었을 때
우리 생도 피었으면 좋겠네
그늘 속 숨죽이던 이끼도
연파랑 꽃으로 피어났으면 좋겠네
산수유는 이미 노랗고, 개나리는 저리도 환한데
화무십일홍, 화무십일홍

목련꽃 아래서 입맞춤 하던 순간 혼절하듯 숨을 멈추던 당신 시나브로 청춘은 시들어 이제는 꽃이 진 자리 송홧가루 흩날리는 지상에서 아직도 네가 그리운 건 지병인거야

봄꽃이란 봄꽃 다 질 때
우리 생도 저물었으면 좋겠네
당신과도 그냥 지나는 소문처럼
찰나의 어디쯤서 스쳤으면 좋겠네
구절초 같은 남루, 먼지 쌓인 민들레인들 어떤가

화무십일홍, 화무십일홍

맨 처음의 봄 꽃 진 자리, 꽃이 필 자리

봄눈

당신의 가슴 밑에서 잠자던 사랑이
나를 깨우며 이 땅의 눈으로 오는가
가슴께로 차오르며 피는 눈꽃이
쌓이지 않고 녹아드는 봄날의 오후
나는 고향집 굴뚝 밑에서 졸던 삽살개처럼
반쯤 뜬 눈으로 너를 만난다

이 땅을 이승이라 말하고
네가 닿은 땅을 저승이라 말한다면
너와 나 사이에 있는 그 강은
오늘 내리는 저 봄눈이다

지상에서 가장 먼저 상처 받고
가장 먼저 쓰러지며 넘어지는
불안하지만 아름다운 사랑

네가 흔들리며 가는 봄날의 저녁

모든 것들이 그만큼씩 무너지고
소문없이 사라진다

무너진 것들이 아름다운 이 폐허의 봄날
불빛 속에 봄눈이 가득하다
너와 나 사이 아름다운 눈물이 가득하다

이른 봄 강구*에서

그날 처음 보았다
저렇게 낮게 날아서 먹이를 구하는
수만 마리 갈매기떼
그들이 아름답다는 걸 그날 처음 알았다
출항하는 배에 실린 빈 바구니마다
비린내 나는 꿈이 보였다
삶을 갈무리 하며 고기의 배를 따는 여인들
낮게 나는 갈매기를 닮았다
하늘 높이 혼자 날아오르는 갈매기
멀리 볼 수 없다 캄캄한 하늘
구름 속엔 비린내도, 팔팔 뛰는 물고기도 없다
돌아오라 망상의 날개 꺾고
이른 봄 빛나는 저 바다에
그대의 날카로운 부리를 담그라
문어의 흡반처럼 단단한 꿈으로
검고 튼튼한 바위를 딛고 사는 사람들
그들에게서 건강한 땀 냄새가 난다

싱그러운 비린내가 난다
납작납작 엎드렸던 어선들이
기지개를 켜고 출항하는 이른 봄 강구에선
사람도 갈매기도 모두 하나다

* 강구(江口) : 영덕과 포항 사이에 있는 조그마한 포구마을

우리도 꽃처럼

우리도 꽃처럼 피고 질 수 있을까
길고 긴 인생길, 피고 지며 살 수는 없나
한 번은 라일락이었다가, 이름 없는 풀꽃이었다가
가끔은 달맞이꽃이면 어떨까
한겨울에도 눈꽃으로 피어
동짓날 밤, 시린 달빛과 어우러져
밤새 뒹굴면 안 될까

맹렬하게 불타오를 땐 아무도 모르지
한번 지면 다시는 피어날 수 없다는 걸
뚝뚝 꺾여서 붉게 흩어지는 동백 꽃잎

선홍빛처럼 처연한 낙화의 시절에
반쯤 시든 꽃, 한창인 꽃이 그립고
어지러웠던 청춘의 한때가 그립네

막 피어난 백목련, 환하기도 해라

저 그늘 아래로 조심스레 한 발씩
저승꽃 피기 전, 한 번쯤 더 피어나서
느릿느릿 고백할 수 있을까
봄바람 가득한 꽃들의 가슴에
사랑한다고 서릿한 고백을 할 수 있을까
단 한번 피었다가 지는 사람꽃

이중섭 1
― 가족들에게

달구지 타고 가려네
모래바람 날리는 팍팍한 황톳길
달구지 타고 우린 가려네
고의적삼, 괴춤이 풀어지고 헤쳐져
부끄러운 그것까지 다 보이면 어떠랴
두두다다 두두다다
지문처럼 남는 황소의 발자국마다
못 다 그린 황혼이
자북자북 쌓이는 그 새벽
가자, 가자꾸나
낡고 헐한 이국의 저녁을
화구 속에 챙겨 넣고
섬 지나 바다 위 걸어
황사 자욱한 그 땅 만나러 떠나자
날 붙잡는 잡스러운 풀잎들아
섬나라 비린 갯내음아
붙잡힐 옷자락도, 걸려 넘어질 발목도

나에게서 떠난 지 오래
뜨거운 그리움으로 출렁이는 가슴만 남아
파도가 되어 들끓는 이 저녁
달구지 가득 흰옷 입은 사람 싣고
황혼 걸린 한라에서
동이 트는 백두까지
울렁울렁 뛰는 가슴으로 나는 가려네
그 뜨거운 그리움으로 하여
마지막 남은 가슴까지 다 타버리고
그리움만 오롯이 한으로 남아
그 땅의 붉은 해로 떠오를 그날까지

이중섭 2
— 달과 까마귀

네 가슴 속엔 황량한 겨울 벌판이
비수를 품고 잠들어 있다
내가 너를 꿈꾸는 새벽
바람은 아직 잠들지 않고
목숨의 끝에서 불어댄다
누구도 바람의 칼날 앞에
가슴 내놓고 일어나
아침을 기다리지 않는
사각의 아픈 숲 속에서
전선줄에 움츠리고 앉은 너에게
안녕한지 묻고 싶다
전선줄에 흐르는 전류가
너의 핏줄 속에서도 흐르리라 믿는 새벽
좀체로 날아오를 줄 모르는 너에게
절망을 이야기하고 싶다
달의 뒤편에 숨은 어둠을 불러내고 싶다

겹동백

설움도 붉음도 겹이어서
우리 생을 닮았구나
꽃잎이 많고 붉으면
낙화의 아쉬움 또한 곱일진대
사는 일 또한 서러해서
너무 화사하면 지는 일이 허망하니
길가에 제비꽃으로나 피었다가
조용히 봄볕이나 즐기다가
소리 없이 질 일이다
꽃이 피는 일, 또 꽃이 지는 일
화사할 땐 모르네
그 모두 겹이라는 걸

황야의 늑대
— H에게

움직이지 마, 나의 귀여운 늑대
너 아닌 다른 영혼이
총구에 마음을 들이대고
가늠자와 가늠쇠 사이에
네 긴 그림자를 올려놓았어
마악 해가 저무는 저쪽
마른 잡초들이 흔들리기 시작하고
네가 지나온 삶의 발자국들이
하늘의 별로 뜰 거야
뜨겁고 거칠었던 황야를 바라보면
두 눈에 긴 한숨이 매달리고
네가 떠나온 동굴이 그리워지겠지
동굴 앞에 핀 들풀의 향기와
향기 사이의 꿈 한 편 생각날 수도 있어
눈물짓지 마
눈물을 보이기엔 황혼빛이 너무 붉거든
날이 저물면 포수가 총을 거두고

너를 향해 달려오겠지
너와 함께 구릉에 등을 대고 누워
하늘의 꽃으로 핀 네 삶의 빛을
맑고 부드러운 눈빛으로 바라볼 거야
거친 손으로 담황색 털을 쓰다듬으며
긴 잠을 청하면
너는 비로소 가질 수 있겠지

황야에서 가장 빛나는 꿈 한 편

해금강

해금강에 가보라
강을 기대하다가
바다와 마주하는 그곳
바위와 파도가 얼마나 치열하게 만나
사랑을 나누는지 볼 수 있는 곳
세상 위에 나는 점 점 점
그곳에 가면 나를 지우고
또 다른 나를 만날 수 있다
세상의 모든 땅, 세상의 모든 바다
그곳에 가면 사는 일이
밀려드는 파도와 다를 게 없다는 걸 안다
다만 큰 파도와 물결들이
우리 생을 가로질러 넘나드는 거라는 걸 안다
겨울 해금강에선 세월이 심심하게 흘러간다
강인 줄 알고 가서 만나는 바다
해금강에선 겨울도 봄도 부질없고
그 어떤 치열함도 부질없다

일장춘몽 해금강
도화유수 해금강

해녀

바다와 남자는 돌아서면 늘 그립다
베개 당겨 돌아눕는 밤이면
자궁 가득 달덩이처럼 부풀어 오르는
미치도록 뜨거운 그리움
그리움에 물들어 파도는 저리 조용하고
하현달 맑은 빛 해살대는 바다 위로
가슴 맑은 사내가
억센 팔뚝 드러내고
첨벙거리며 다가온다
빈 소라껍질이거나 뒤엉킨 해초 같기도 한
풍진 같은 세월을
파도의 물결에 쓸어버리고
다시 길 나서는 새벽
지난밤 그리움이
바다를 뒤덮으며 붉디붉게 살아오르고
몸 하나 믿고 사는 착한 해녀가
뜨거워진 파도 위로 몸을 던진다

빗살무늬 토기

누구였을까, 맨 처음
저 우울한 가을빛의 세심함을
토기土器의 속살에 담았던
동굴 속의 외로운 남자는
사냥 나간 용감한 동료들
그 빛나는 근육보다
더 단단한 사랑의 끈으로
눈매 고운 그녀 위해
마음의 빛을 담았던
최초의 로맨티스트
오, 가엾은
첫눈이 오기 전에
그들이 돌아올 텐데
그녀는 기꺼이
튼튼한 사내의 품 안에
사뿐히 안길 텐데

이 땅에 살면서 1
— 목숨의 뿌리

사랑이 부족한 사람들은
얼음 풀린 강을 따라
강물의 끝에 있다는 도시로 떠나고
보이지 않는 사랑의 단단한 뿌리만이
언젠가 돌아가야 할 이 땅에
가슴 묻고 있는 오늘

못자리판 한 귀퉁이에
땅강아지 미꾸리 같은 것들이
고통이라든가 죽음이란 것
아직 모르는지
이슬 맺힌 작은 물풀들을 깨우며
하루를 시작하는데
허리 굽은 노인이 삽을 둘러메고
목숨의 텃밭으로 나온다

수십 년 동안 살아온

고통과 죽음이 예정된 땅에
오늘도 삽을 들이대고
삶이 시작되는 땅은 어디며
삶이 찾아가는 땅은 어디인지를
하늘에 물어보면서 슬픔을 퍼 얹는데
작은 바람의 물결만이 그 주위를 맴돌고
오늘도 그 땅에서
겨우내 죽어 있던 목숨의 뿌리들이 움터 오른다

이 땅에 살면서 2
― 사랑 몇 소절

긴 겨울을 꿈으로 보낸 뒤
다시 나와본 들판에 앉아
담배 한 개비 피워 물면
아, 어지러워 어지러워
천지에 피어 있는 아지랑이 불꽃
우리들 목숨의 땅뙈기가
이다지도 좁아 보이는지
오늘따라 모를 일
상처받은 이 땅의 잡초들 사이에서
메추라기 종다리 같은 것들이
부질없이 날아오르는 오늘
유년 시절 목총을 메고
전쟁놀이하던 친구들
목총 대신 엠식스틴 메고
철책 근처로 떠나고
철없던 계집애들 바람나서 도망가
아무도 돌아보지 않는 이 땅

적막하구나 천지에 그들 보이지 않고
빈 하늘만 가득 아지랑이만 가득
언덕배기 지천으로 핀 장다리꽃에서
슬픔은 물씬물씬 풍기고
그 속에 언뜻언뜻 보이는
이 땅의 사랑 몇 소절
얼음 풀려 흐르는 강으로 가서
궁상각치우로 눕는다

그 여름의 내 감꽃

여름은 감꽃 목걸이 엮어 주렁주렁
목에 걸면서 시작됐다
반쯤 벗은 소년들은 거웃이 돋기 시작한
잠지를 딸랑거리며 저수지로 뛰어들었다
놀다가 지치면 쌉싸래한 감꽃을
한 움큼 입에 넣고 어기적거리며 씹어 삼켰다
계집애들의 여름도 다르지 않았다
머스마 같은 몇몇 소녀는
러닝 차림으로 저수지에 뛰어들고
소년들은 봉긋 숫기 시작한 소녀들의
가슴을 툭툭 치면서 낄낄거렸다
감꽃 목걸이 걸어주던 그 애가
그해 여름 저수지 물 위로 영영 나오지
않던 그날까지는 여름은 평온했다
오늘 저 아파트 사이
그 애가 걸어준 감꽃 목걸이
쌉싸래한 감꽃들이 탐스러운 감이 되어 매달렸다

그 소녀는 그곳에서 잘 있을까
서둘러 떠난 그곳에서 소녀는 잘 살았을까
지상에서의 세월은 수십 번 감꽃이 피고 졌지만
아직도 감꽃이 얼룩진 옷을 입은 채
서둘러 떠난 소녀를 잊을 수 없다
그해 여름의 감꽃이 홍시가 되어 물러터지던 날
슬그머니 묘비도 없는 그 소녀의 집 언저리에
붉디붉은 내 마음을 가져다 놓았다
선머스마 같던, 웃을 때 덧니가 예뻤던
그 여름의 내 감꽃

파로호의 봄

빈 배가 몇 척 한가로이 졸고 있다
비가 내리지 않는다
황사바람이 아지랑이 피는 산모퉁이 돌아
화적떼처럼 몰려온다
잠겨 있던 물 아래 땅들이
붉은 속살을 드러내며
부끄럽게 메말라가는 그해 봄 파로호

그들이 쓸쓸하게 야위어 간다
투망질에 걸려든 잉어와 쏘가리 향어들이
눈을 부릅뜨고 갇혀 있다
가슴보다 넓은 세상 버리고
벽 속에 갇혀 있다가 난도질 당해
사람의 주안상에 붉게 채색되어 오를
그날을 막막하게 기다린다

수염 억센 사내가 그물을 거두고 돌아오는

그해 봄날 황혼녘
이제 바람도 잠잠하다
물 아래 저쪽 잠들지 못하는 물고기들
뛰는 그들의 가슴 따라
잔물결이 섬뜩섬뜩 밀려와
졸고 있던 빈 배를 깨운다
그해 봄 파로호에선

시인

아직도 한 움큼의 서정으로
이 땅의 서사를 사로잡겠다는
몽상 수집광들

제2부
엉거주춤

섬목*에 와서

자라난 세월들이 예 와서 멈춰 섰다
바위나 혹은 파도 사이 돌미역이거나 파래로
이름 지어진 기억이 되어 떠돈다
바다는 아직 출렁이기에는 이르다는 듯 잔잔하다
여름이 시작되면서 죽도는 더욱 푸르고
게서 크는 수박들은 달콤한 향기를 더한다

보아라, 저기 바위 틈새 비집고 앉아
망망한 바다를 보는 괭이갈매기
때론 바위를 차고 올라
바다 위 흰 비늘 아래 숨어보기도 하는
이 섬의 아버지인 그들에게서
오늘 여름의 성숙한 알몸을 만난다
날개 밑에 곱게 접혀 감추어진 그리움은
해풍에 닳고 닳아 비단조개처럼 반짝이는데
여름 햇살은 말없이 빗살무늬로 퍼진다

날아오르는 수천의 날개 사이로 보이는 그리움은
지상의 어느 말보다 깊다
날이 저물면 웅숭그리며 바위틈에 숨어들어
단 한 번의 사랑, 절망으로 핀 꽃들을
밤새 꿈꾸며 눈물지을 그들에게
가슴 시리도록 따스한 바위의 체온을 나누어주고 싶다
무심코 스쳐 지나가는 마음과 마음들을 다잡아
바위틈 어디쯤 깊게 묻어두는 그 저녁
파도는 오늘따라 더욱 술렁이고
섬의 여름은 소문도 없이 깊어만 간다

이 여름이 끝나는 섬의 어디쯤서
괭이갈매기는 따스한 불을 지피고
솜털이 보송보송한 제 새끼들을 보듬으며
바위 같은 사랑 느끼고 있을 게다
섬의 가을이 시작되어 바다 저쪽에서 밀려온 해무가
그들을 감싸기 시작하면

철 지난 바다를 찾는 나그네들
무심히 바다를 지나 포구에 발을 내리며
위대했던 여름의 사랑을 기억할 게다
온 섬 가득 넘치는 안개와 같은 사랑 느낄 수 있을 게다

* 섬목 : 울릉도에 있는 포구. 갈매기 서식지로 유명하다.

엉거주춤

사월 하고도 중순인데
꽃들은 아직 애매하다
부엌 구석에서 뒷물을 하다
시아버지와 눈길이 마주친
젊은 새댁처럼
엉거주춤이다
이럴 땐 오뉴월 뙤약볕
한 움큼 잘라내서
세상천지에 고루고루 펴고 싶다
저 꽃들을 닮아서 솜처럼 벙글지 못하는
내 마음도 열어서
바삭바삭 말리고 싶다
사월 하고도 중순
시방 봄이 의심받고 있다
필시 하느님이 세월보다 먼저
바람이 나신 게다

사람 풍경 1
― 갠 날 저녁

그 많은 사람들이
질척거리는 이 땅에서
추억을 남기고 사라졌지만
비 갠 하늘 구름 사이로
여전히 맑게 빛나는
추억 같은 달 하나

사람 풍경 2
— 초록 나귀

비 오는 날엔 초록 나귀를 타고
신촌으로 가보자 똘방똘방
빗방울 벗 삼아 여울목까지 가보자
자동차가 굽이쳐 흐르는 그 어디쯤서
희게 빛나는 소녀를 만난다면
나귀에 태워 초여름 빗속을 걸어보자
두 귀 쫑긋 세운 초록 나귀도 모르게
소녀에게 사랑한다고 얘기해보자
붉은 입술 사이로 빛나는
여름꽃 같은 미소를 마주한다면
그대로 한 천 년쯤 소금 기둥 되어
영원히 그대로인 채 남는 사랑
그런 풍경이고 싶다
초록이 수천 번 바뀌는 그날까지

사람 풍경 3
― 해변 마을의 밤

저토록 많은 갈매기들이
고깃배를 따라 힘겹게 날아간다
억센 팔뚝의 사내들이
으샤으샤 끌어 올리는 그물마다
은비늘 반짝이는 꿈들이 묻어나고
허기진 갈매기 몇
사람들 사이에서 지쳐 있다
통통배에 몸을 싣고
바다 위를 걸어 돌아온 사내들
그들의 어깨 너머로 지는 황혼의 무게를
부둣가 아낙네들이 떠넘겨 받는 그 시간
허기 채운 갈매기들은 슬프다
식욕보다 아름다운 사랑이
지상엔 없는 걸까
둥지로 돌아가며 생각하지만
끼룩끼룩 대답 없는 메아리만 들릴 뿐
고깃배에 실려온 은비늘 꿈의 무게 따라

오늘도 부둣가는 그만큼만 훙청이고
사내들은 허기진 그물 걷어 휘청휘청 집으로 돌아간다
괜스레 아낙네들 치마끈이 휘청이는
쓸쓸한 해변 마을의 밤

탈을 위하여

황사 바람 자욱한 지상에서
희망보다 먼저 우리가 쓰러지고
가야 할 길조차 막혀
잡초처럼 짓밟히는 날이면
탈을 쓰고 나서보자
지상의 가장 깊숙한 땅으로 가
하늘빛보다 서럽게 일렁이며
닫힌 가슴 열어보자
삶이란 건 언제나
푸르게 타오르는 보리밭
그 빛나는 갈기마다
이슬처럼 달려 있나니
방울방울 깨끗한 목숨
반짝 빛나며 사라져갈 뿐
탈을 쓰고 일렁이는 이 순간
켜켜이 쌓인 슬픔은 걷히고
하늘이 열린다, 땅이 울린다

하늘 아래 맑은 혼 흘러가고
티 없는 목숨 땅 위로 지나간다
함성도 없이 반란도 없이
맑은 혼 바람에 빚어
보리피리 만들고
어깨춤으로 가는 오늘
보리피리 구성진 가락이
일그러진 탈의 모습처럼 서럽지만
저 고운 보리밭 너머 하늘을 밟으며
구름처럼 흘러가는 날
우리는 비로소 맑은 바람 한 줄기
가질 수 있는 것을
희망보다 먼저 일어나는 꿈 한 편
지닐 수 있는 것을

호박

 밥솥에서 쪄낸 호박잎에 보리밥을 올리고 강된장 한 숟가락 척 얹어서 입에 넣는다. 까슬까슬한 감촉이 혀끝에 머물더니 사박사박 씹히면서 목넘김이 부드럽다. 전해오는 식감을 따라 마음밭은 한달음에 고향 집 뒤꼍 장독대까지 내닫는다. 할머니가 심은 호박씨에 할아버지가 똥지게 몇 번 져 나르면 씩씩한 호박순들이 투덜거리며 올라왔다. 그땐 몰랐다. 냄새나는 똥 속에서 뒹굴어야 새순이 돌고 열매가 맺힌다는 걸. 별들이 아양 떨면서 노란 호박잎에 입맞춤하면 잘생긴 애호박 하나 뚝딱 만들어졌다. 호박잎 사이 숨바꼭질하면서 용케도 살아남은 호박들은 노랗고 탐스러운 호박으로 늙었다. 나중에 알았다. 별일 없이 늙어간다는 게 호박에게도 쉽지 않다는 걸. 호박잎에 모이는 빗소리가 탐스러운 여름날 할머니가 뚝뚝 호박순을 꺾어주면 할아버지가 담장에 지지대를 받쳐서 하늘길을 터주었다. 부지런한 녀석들은 땅거미가 지면 하늘로 올라가 달이 되었다. 이제 할머니는 별들을 솎아 견우직녀에게 주고 구름 반죽을 밀어 손수제비를 뜨신다. 손수

제비에 애호박을 썰어 넣어야 하나가 된다는 걸 예전엔 왜 몰랐을까. 할아버지라고 그냥 계실까. 별똥별을 만들어 지붕 위로 던지고 볏짚을 태워 저녁 하늘에 쥐불을 놓으신다. 요즘 들어 하늘을 바라보면 그분들이 떠난 길이 비로소 보인다. 올겨울엔 늙은 호박씨 챙겨서 신문지에 잘 싸놔야겠다. 걱정이다. 호박씨 까면서 버텨온 비루한 청춘이 곰삭아 늙어서도 다 퍼주는 호박이 될 수 있을까?

봉숭아물

 붉은 꽃잎 빻아 손가락에 덕지덕지 붙이던 누이들은 속삭였다. 봉숭아물이 다 빠지기 전에 사랑이 찾아올 거라고. 곱디곱게 물들어야 그 사랑도 아름답다고. 욱신거리는 아픔을 참아가면서 피마자 잎이나 아주까리 잎으로 정성스럽게 동여매는 누이들의 얼굴에 홍조가 떠올랐다. 봉숭아물이 초생달처럼 남을 때까지도 사랑은 결국 찾아오지 않았지만 해가 바뀔 때마다 누이들은 어김없이 뒤꼍 장독대에 둘러앉아 봉숭아물을 들였다. 서울에서 내려온 대학생 형과 뒷집 누이가 그렇고 그런 사이가 됐다고 수군거리던 그해 여름, 누이의 손톱에서 유난히 붉게 빛나던 봉숭아물이 원망스러웠다. 온다 간다 말없이 훌쩍 떠난 사랑이 못내 서러워 목 놓아 울던 누이의 울음소리가 강물 저쪽까지 퍼지던 그해 가을. 누이의 손톱에 아직도 봉숭아물이 남아 있는지 영영 볼 수 없었다. 대신 하얀 손수건만 강물 위에서 저 홀로 아름다웠다.

봄 탓

 봄은 나른함으로 온다. 온몸의 세포들이 무장해제를 한다. 이럴 땐 모든 게 대동강물이다. 질척이는 논둑길이나 얼음 풀린 강물 따라 하염없이 걷다보면 사랑이 올까. 봄엔 누군가를 사랑하는 일까지도 나른하여 느릿느릿 천천히 사랑을 시작하고 싶어진다. 홍매화꽃 그늘 아래서 순한 봄바람을 어루만지고 싶다. 새순이 올라오듯 홀연 사랑이 시작돼도 그리 놀라운 일도 아니다. 앞서 걷던 애인이 홀연 아지랑이 속으로 사라졌다 해도 굳이 찾지 말아라. 마른 풀밭에서 아무 풀이나 움트듯 애인도 곧 꽃처럼 다시 피어날 테니까. 꽃처럼 피어난 애인이 그대에게 돌아오지 않고 파랑새처럼 날아갔다 해도 탓하지 말 일이다. 그건 순전히 봄 탓이다.

할머니

　별이 함박눈처럼 쏟아질 듯한 여름밤, 모깃불 옆 평상 마루에서 할머니는 언어의 연금술사처럼 얘기주머니를 풀어 내셨다. 밤 깊어 할머니 얘기가 계속되면 도깨비 한 마리 흘끔 얼굴을 보이고, 처녀귀신도 슬금슬금 지나갔다. 솜이불 같은 눈이 온 천지를 덮은 겨울밤에도 할머니의 옛날 이야기는 끝나지 않았다. 곶감만도 못한 호랑이 한 마리 할머니 얘기에 숨죽이다가 숨 넘어갔다. 가갸거겨도 모르는 할머니는 어디쯤에 얘기주머니를 감춰 두셨을까. 여름 저녁이 몇 번씩 지난 뒤에야 할머니의 얘기주머니가 가슴 속에 있었다는 걸 알게 되었다. 할머니 등목해 드리다가 어느새 쪼글쪼글해진 얘기주머니를 보고 말았다. 도깨비랑 씨름이라도 해서 방망이를 뺏어왔어야 했다. 방망이를 흔들며 주문을 외웠다면 우리 할매 얘기주머니 가득 채워 드렸으리라. 괜히 흥부네 박씨만 부러워했다.

까치밥

　가을 저녁 마음을 다쳐 감기가 찾아왔다. 신열에 들떠 뒤척이는 새벽 첫사랑의 상처가 이랬을까. 설악산 단풍 사이로 또 별들이 흐드러지게 피었으리라. 까치밥으로 남은 홍시가 부치치 않은 연서戀書처럼 시린 하늘에 걸린 아침 겨울도 또 멀지 않다. 사랑이나 이별 따위는 사치라고 몇 번씩이나 되뇌었지만 늘 새것 같은 가을이 저녁 무렵 안개처럼 파고들어 늑골 근처까지 욱신거린다. 이쯤해서 가을을 거둬가거라. 가슴 한쪽 다쳐서 절름거리는 까치야.

화전민의 꿈

삶은 부질없이 부는 바람과 같아
어느 땅에도 뿌리내리지 못하고
어느 하늘에서도 잠들지 못한다
저 넓은 하늘과 땅이 있지만
우리가 머물 곳은 아무 데도 없고
바람이 불을 일으켜 땅을 만들면
그 땅을 일구어 자식들을 기르고
아침마다 산허리를 감싸는 안개와
흰 서리의 섬뜩한 촉감을 사랑하며
또 하나의 집을 허물 뿐이다

서러워 말아라
머리를 두고 눕는 곳이면 어디나 고향이고
너희가 불로 다스릴 수 있는
모든 땅이 당신의 것이니
무리 지어 사는 이들을 부러워 말아라
그들은 당신들이 가지고 있는

안개와 바람과 숲을
기억하지 못하고
지상의 모든 꿈을
하나둘 잊어버리며
잊은 것만큼 죽어가고 있으니

우리는 죽어서 바람 속으로 떠난다
나의 애인인 불에 몸을 사르고
양지바른 바위 위에 누워 있으면
바람은 밀려와 나를 껴안고
뜨거운 사랑으로 나는 녹아서
바람 속으로 바람 속으로 떠날 것이다
어느 하늘에도 머물지 않고
어느 땅에서도 잠들지 않은 채
지상의 자욱한 안개로 남아
삶의 빛나는 아침마다
이 땅의 사랑을 준비하리라

서울의 우울

더 이상 강의 기적을 바라지 않으리라
술 취한 누이들이 수상하게 서성이는 밤
서걱이는 갈대의 입술을 탐내던 사내들이
부나비처럼 강의 이쪽과 저쪽에서 배회한다
누이처럼 생긴 꽃, 꽃처럼 생긴 누이들이
낙화의 아픔을 겪는 세기말의 지옥
아직도 눈물을 믿는 이들이
강 쪽으로 머리를 두고 눕는다

무너져라, 축대처럼 켜켜이 쌓인 거짓들
저승의 진실이 매운 바람으로 흩어지는 밤
사내들은 싱싱한 수컷의 무성함을 앞세워
코뿔소처럼 도시의 대로를 질주하나
마왕의 씩씩함으로 껄껄 호탕하게 웃는다
바벨의 언어들이 파헤쳐져도
더 이상 아무도 숨죽이지 않는다
온통 우울한 것들만 살아남는다

모래사막의 한가운데 하이에나를 닮은 그들이
조금씩 죽어가고 있다

가거라 게딱지 같은 생이여
숨죽이고 숨죽여 우리들의 남루를 감춰야 한다
서릿발 같은 칼날을 밟으며
다시 한번 빛의 예각을 가늠해야 한다
온통 우울한 서울에서는 더 이상 갈 곳이 없다

마른 풀들에게

일찍이 내가
추위 가득한 벌판의 한구석에서
나무 십자가로 서 있을 때
너희들의 신음 소리를 들으며
괴로워한 적이 있었다
칼날 같은 바람과의 싸움에서
너희들의 입술은 말라터지고
마지막 푸른 피 한 방울까지도
흘러버렸지만
나는 부끄러운 알몸조차 가리지 못한 채
윙윙 울 수밖에 없었다
자정이 지나면
너희들의 마른기침은
어둠과 함께 깊어가지만
우리들 사랑의 목마름을 위해서
무수한 바람의 칼날 앞에서도
피 흘리며, 피 흘리며

다시 일어나는 의지로
우리들 삶이
갈증과 갈증의 화답이란 것을
깨닫게 한 마른 풀들이여

만약 너와 내가
우리들 적인 바람과 눈보라가 잠잠해
고통 없이 살 수 있다 하면
우리는 이미 쓸모없는 잡초에 불과할 뿐
적막한 지상에 마른 그림자 하나 남기지 못한다
무사한 꿈은 마음 한구석에 버려두고
야윈 어깨와 어깨로
뜨거운 마음과 마음으로
단단한 불씨 하나 만들어
지상의 빛으로 타올라야 하리
거대한 불기둥 아래
새로운 우리들의 나라

우리들의 천국이
다시 세워질 때까지
사랑이 그리워 죽어간 사물의 피를
다시 회복할 수 있을 때까지

눈의 무게

아무도 생각하지 않는다
그들의 어깨에 내린
너의 무게를

다산의 말

초당草堂 앞마당에 눈발이 흩날린다
아직 가을을 다 담지 못했는데
벌써 겨울이 이만큼이다
구강포의 잔물결마다
아직 떠나지 않은 문장들이
숨죽이며 일렁거리고,
피로 쓴 서책들이 눈송이처럼 흩날리며
천 년을 뒤엉키고도 모자라 사랑을 놓지 않는
뿌리 위로 내려앉는다

임금은 아직 옥쇄의 획마다 꿈틀거리는
백성들의 한숨을 읽지 못한다
내 생각들이 아직 설익어
천 리 밖 한양 도성까지 이르지 못하니
줄지어 나는 기러기 떼가
청한 하늘에 써내려가는
짐승의 말조차 흉내낼 수 없구나

〉

백설에 숨은 동백 꽃잎 사이로
댓잎 덮고 남은 잔설들이
사각거리며 무너져 내리는 저녁
흑산 바다 약전 형이나 남산 기슭 자식들 생각에
솔잎차조차 목넘김이 쉽지 않다
연지蓮池 속 잉어들에게 그네들 이름 붙여주고
꽃 피고 질 때까지 친구 삼아 지냈거늘
얼음 속에 숨어 말 붙이기 힘들다

솔잎 스치는 겨울바람이
문틈 사이로 타고 들어와
다 읽지 못한 책갈피를 타고 넘는다
글줄이나 읽었다고 도포 입고 살아온 세월들이
눈조차 이기지 못하는 소나무처럼
우지끈 부러져나가는 자정이다
새봄에는 바다에 나가 고기들을 잡아 올리고

채마밭 가득 키운 남새들로 상을 차려서
노랑나비도 부르고, 멧돼지도 몇 놈 불러
목민牧民의 도리라도 가르쳐야 할까

제3부
봄날의 애인들

봄날의 애인들

봄비 그치니 전날의 애인들이
꽃등을 켜고 마중 나왔다
수천수만의 애인들이
주체할 수 없는 그리움으로
폭죽처럼 터지는 봄밤이 눈앞이다
어찌할 것이냐, 몸은 벌써 봄을 떠나왔는데
저 애인들을 모두 껴안고 뒹굴 수 있는
뜨거움이 식은 지 오래인데
마음 가득 봄밤을 더듬으며
중얼중얼 걷는다
무참한 봄

꿈

삶이 아름답다고 말하는
총천연색 영화관
호러에서 멜로까지, 액션에서 에로까지
빨주노초파남보
필름보관소

보리밟기

흰 눈으로 시작됐던 겨울이
목재 교실의 처마에서 끝날 무렵
제복을 입은 우리는
흰 눈 걷힌 들판으로
보리밟기를 나갔다
부르트고 갈라진 급우들의 손을 잡고
조금씩 부드러워지는 대지를
자근자근 밟아주었는데
그 속에 작년 가을에 뿌려놓은 갈보리가
꿈틀대며 커오르고
솟아오르는 푸른 힘만큼
밟고 또 밟아야만
보리가 올라온다고 선생님이 말했지만
아무도 믿으려 하지 않았다

밟혀야만 올라오는 보리를 생각하며
돌아오는 우리들 그림자 따라

들판의 끝에서부터 아지랑이로 걸어오던 봄이
화장실 앞 뜨락에
연기처럼 피어오르는 점심시간이면
따사로운 봄볕도 몰래
화장실에 숨어들어
새마을 담배를 피우고
좋아하는 여선생의 이름을
그 이름에 대한 서툰 사랑을
화장실 벽에 써내려갔다
우리늘 낢과 반항의 흔적 때문에
훈육주임 선생에게 자근자근 밟히고
갓 부임한 여선생은
서럽게 울먹이며 사라지던 그해 봄

묻혀져가는 것들을 위하여
― 대청댐 수몰 지구

안개는 수없이
발길에 채어 스러지고
그대와 내가 마주 보며
댐의 허리쯤에 앉았을 때,
그 물의 나라에서 수없는 그리움이
안개가 되어 피어오르고
그대는 물의 어디쯤을 가리키며
떠나온 고향에 대해 이야기했다
산굽이 돌아 설움에 겨워 불어온 바람은
민들레 꽃씨처럼 흩어져간
옛사람의 이름을 부르며
수면 위에서 윙윙 울고,
그대는 느티나무와 성황당
돌담길 따라 피던 개나리에 대해
나직이 속삭이고 있을 때, 나는 보았다
그대의 눈동자에 번지는 안개와 같은 그리움이
바람과 만나 포옹하는 것을,

아, 우리들 추억의 나이테 속에
고향을 묻어버린 물만큼이나 많은
서러움이 넘칠 때,
그리웠던 세월을 그 물속에 묻어버리고
우리는 서로의 어깨에 앉은
바람을 털어버리며 쓸쓸히 돌아서는데
한때 우리의 희망이던 아침 햇살이
안개의 흰 살을 뚫고 나와
수면 위에서 찬란히 빛난다

멸치

그 넓은 바다 밑을 사뿐사뿐
헤엄치다가, 오늘
바닷속 추억들을 소금에 절여
자정의 술자리 안주로 남은
지, 리, 멸, 렬
박제된 네 생을
고추장 듬뿍 찍어 거둔다
네 이름 멸치
약소어족이여

해탈

매일 아침 출근길
쓰릅쓰릅 노래하던
소프라노 매미가
남긴 위대한 유산
그들은 해탈했을까
여름내 사는 게 뭔지 궁금해서
목청껏 기도했으니
신이 응답했을 게다
그 자리를 풀벌레들이 채운다
그들 또한 저렇게 늦은 가을 저녁까지
울어댈 것이다
산다는 일은 끊임없이
묻고 또 묻는 일
나는 오늘도 물으러 나간다
구두끈 졸라매고 물으러 간다

남한강에서

강심을 가르는 백로야
너 거기 서 있거라
두 발로 말고 한 발로
지상과 천상의 중간쯤
너 게서 꼼짝 말고 서 있거라
고추잠자리와 말잠자리
장수하늘소와 찌름매미까지
이 아름다운 지상의 오후
너 풍경처럼 서 있거라

여름과 가을 사이
누이처럼 핀 국화야
너 거기 피어 있거라
호랑나비와 배추흰나비
장다리꽃과 도라지꽃까지
지상에서 자취를 감춘 오늘
들숨과 날숨으로

흔들리는 너는
슬픔보다 더 슬프다

갈매기

물결이 투명하다
그대가 해초처럼 흔들리며
바닷가를 날아다닐 때
바람은 항상 사람들의 나라에서 불어오고
비릿한 인간의 냄새가
네 날개 사이로 숨는다
네가 해초보다 먼저 갈라지고 찢겨서
해풍에 몸을 맡길 때
내 마음에도 피멍이 든다
지상의 어느 것도 위안이 되지 않겠지만
날개를 접으면 삶이 끝난다는 걸
네가 알고 있다는 게 슬프다
통통선 따라 먼 바다까지 나갔다가
허기만 가득 안고 돌아오는 저녁
황혼은 오늘도 저리 붉고
식구들의 저녁이 편치 않겠지만

어찌하겠나,

내일은 바다가 잔잔하다니

가을의 야윈 어깨 너머

마른 수수깡들이 팔 부비고 서서
겨울 속으로 떠나간다
그대 몸 안의 달콤한 피
아직 다 헤아리지 못했는데
빈혈로 창백한 가을의 꿈
기척도 신음도 없이
자꾸만 야위어 간다
네가 서 있는 어깨 너머로
기적 소리도 없이 동굴을 나서는 기차
불빛 속에 잠든 그들이 납 인형 같다

야위어가기 위해 저기 서 있는 가을
가을은 온통 부서지는 것들로 가득하다

박용래*

그대 집 오동나무 너른 잎에 떨어지는 빗소리 들으며
세상 소리를 묻어 버리는 천상의 소리라고 말했지
아무도 비에 젖지 않는 그 저녁

내가 사들고 간 선양소주 찬찬히 들여다보면서
지을 듯 지을 듯 미소 지으며 스테인레스 사발에 담긴
미나리무침을 안주 삼아 조막만 한 탕기에
소주를 따르던 그대 손의 실핏줄

어린이신문에서 은진미륵에 대한 동시 한 편
청탁해 왔다면서, 고치고 또 고치고
하, 답답하여 되었다 말하여도
아니야, 아니야 언뜻 보았던 시 한 구절
"바람이 찾아와 풍경을 깨우네"

그대 집 철공소 앞에서 비 맞은 택시 잡아 타고
시내 관광 안내소에 가서 인세수표 내보이며

제주도행 여행티켓으로 바꿔달라고 얘기했을 때
눈 앞에 떠오른 섬 하나

도예가 친구집에 가자고 그 집에 가면
비오는 날 더 아름다운 연못이 있다고
철벅철벅 따라간 그 집 마당
반 평도 안 되는 엉성한 연못 속에
금붕어, 미꾸리, 물방개, 가물치
차려 온 술상 속에 비맞은 그대가
제비꽃처럼 앉아 있었지

내가 박용-래야 박요옹래, 용래라고요
술집에서 만난 사람들 거리에서 만난 사람들
나는 시를 쓴다고 시인이라 말하여도
결코 비에 젖지 않는 사람들
어느 늙은이 하나 봄비에 미쳤구나
〉

짧은 봄밤이 자정을 넘어서고
술에 취해서도 종잇장처럼 가벼운 그대를
당신 집 나무침대에 내려놓았을 때
폴폴폴 세상 잡사 털어 버리듯 잠들었지

봄이 지나고 여름이 가서
새로운 봄이 여름 되면서
더위에 지쳐 늦게 온 석간 속에서
낯익게 웃고 있던 그대 미소
아무도 미워하지 않던 그대가
내 가슴 밟으며 떠났지
부드러운 새털 하나 남기고 떠났지

* 박용래(1925-1980) : 시인

눈 쌓인 놀이터

놀이터는 놀이가 있어야 완성된다
아이들의 웃음소리가 떠난
그 겨울 눈 쌓인 놀이터
한 사내가 우두커니 추억을 곱씹고 있다
흰 눈에 뒤덮인 한 생애를 운반하고 있다
그네가 삐거덕거리면서 진자운동을 시작하고
미끄럼틀 위로 서서히 추억들이 낙하하는
그 겨울 눈 쌓인 놀이터
아무것도 아닌 아무것에 홀린 듯 마음을 맡긴 사내가
내리는 눈 사이로 천천히 걷는다
때로는 눈이 되고 비가 되는 이치를 깨닫기까지
참 오랜 세월 예까지 흘러왔구나
눈을 밟으며 왜 빠득빠득 이를 가는 것이냐
수십 년을 똑같은 풍경으로 쌓이고도 너는
이 지상 위에 미움과 설움이 남아 있더냐
너를 흰눈이라고 부르기에도 민망한 이 아침
그래도 세상은 저리 빛나지 않느냐

아직도 희망이라는 이름을 가진
어린것들이 저리 반짝이는데
미움 따위는 이제 내려놓거라
설움 같은 건 강물 위로 던져버려라
가고 오는 일이야 매양 똑같을지라도
어제의 시간이 더 이상 오늘의 시간이 아니다
그래도 네가 내 곁에서 숨쉴 거라 믿는다
그 사랑도 변치 않을 거라 믿는다

봄에 홀려 늙는 줄도 몰랐네

잠깐 봄꽃에 홀려 한눈파는 사이
못 보던 몸이 나를 찾아왔다
꽃 사이에 앉아 마신 술과 봄 냄새
감정 과잉의 날들이 켜켜이 쌓이다가
세포 구석구석 스며들었다
몸 여기저기 산수유도 피고
흰 목련도 피었으나
봄비를 맞고 주저앉는 중이다
맑은 수액 다 털린
고로쇠나무의 슬픔이 이런 걸까
팝콘 같던 청춘의 한때는
흥건한 봄에 취해 지워졌다
바라만 봐도 배부르던 자식들은
꽃놀이를 떠난 뒤 소식이 없다
황사바람에 나부끼는 현수막처럼
저 봄꽃이 서러운 건
생이 너무 무르익은 까닭이다

봄이 와도 모른 체 살기로 한다
봄에 홀려 늙는 줄도 모르다니
이 봄이 가면 건망증도 더 깊어져
또 봄을 기다리겠지, 속절도 없이

시시한 시

수많은 파도에 떠밀려 항구는 저만치 멀어졌다
어차피 돌아갈 수 없다
삼각파도의 끝에서 물이 새는 조각배 위
간신히 버티고 있다
돌아보니 항해는 그리 나쁘지 않았다
몇 개의 아름다운 섬도 만났고,
끼룩거리는 갈매기 날갯짓도 즐거웠다
격랑 속에서 한없이 흔돌렸고,
달빛 없는 까만 밤도 숱하게 지나갔다
난파선도 만나고, 쾌속정도 만났지만
항구를 떠나 다시 돌아갈 수 없는 건
매한가지다
이제 바라는 건 물결 잦은 망망대해 한가운데서
낚싯대 드리우고 작은 물고기나 건져 올려
한잔 소주에 취하는 일이다
지나가는 배가 있으면 손이나 흔들어줄 일이다
우린 모두 항구를 떠났고,

결코 항구로 돌아갈 수 없는데도
가끔씩 멀미 때문에 괴로운 저녁이면
떠나온 포구의 따스한 불빛이 그립다

제4부
가을은 늙지 않는다

것들

오지 말았으면 하는 것들
왔으면 좋은 것들
오지 말래도 오는 것들
그래도 왔으면 하는 것들
오늘 와서 좋은 것들
어제 왔어야 됐던 것들
그래서 끝내 오지 않은 것들
사랑하지 않아도 됐던 것들
그래서 무너지는 것들
아무것도 아닌 것들
나인 것들 너인 것들

담쟁이넝쿨의 꿈

내가 바라는 것은
저 상큼한 가을 햇빛 가득 품고
붉디붉은 가슴으로
그대 품에 뛰어드는 거지
동짓날 팥죽 새알심처럼
흰눈 펑펑 내리는 그날까지
하나로 엉켜 이별하지 않는 거지
그러다가 찬서리 맞으면
검은머리 파뿌리 다 뿌리치고
담벼락에 찰싹 달라붙어
환생을 기다리는 거지

환장하는 거지

아름답군

많은 가을이 내 앞을 스쳐갔다
또 다른 가을 한 대목
판소리 가락처럼 유장하게
내 앞을 가로지른다
비우고 내려놓는
가을의 한가운데서
너 혼자 푸르고
너 혼자 채우는 너는
반역이냐 쿠데타냐
푸른 배추밭을 보면서 꿈꾸는
혼자만의 혁명은 아름답다
어느 겨울 저녁 소금에 절여져
밥상 위에 오를 배추 한 포기
저 혼자 속이 꽉 차오르다가
제풀에 지쳐 모든 걸 내려놓는다
비우지도 채우지도 못한
어정쩡한 사내 슬그머니

혁명의 시대가 지났다고 푸념한다
내 머릿속 배추 한 포기
포기하고 내려놓는 가을

고요하고 투명한

세상 참 고요합니다
가을 저녁 절집에서 울려퍼지는 종소리에
나뭇잎들이 파르르 흔들립니다
둥지 못 찾은 저녁새들이 숨죽인 채
종종거리며 나뭇가지 사이를 옮겨다닙니다
나뭇잎들도 범종소리에 가슴이 뛰는군요
저리 낯빛이 붉어지는 건
수줍음 많은 처녀이기 때문이겠지요
사내들은 추억에 약한 존재들이지요
고요한 가을 저녁이면 더욱 머뭇거립니다
파란만장했던 사내들조차도
끝내 걸어가 당도할 집 앞에서는
고요하고 투명해집니다 모두가 가을 탓입니다
적막도 너무 깊으면 병이 됩니다
붉게 타들어가는 처녀의 마음도
고요하고 투명해진 사내의 가슴도
온전히 가을 안에 있습니다

밤새 귀뚜라미 소리에 마음이 젖으면
날 밝는대로 가을볕에 말리시지요
혹, 바지랑대 끝에서 희게 펄럭이는 것들을 보신다면
손이라도 가볍게 흔들어 주시지요
참 고요하고 투명한 가을 저녁 아닙니까

가을은 늙지 않는다

가을 저녁 마음을 다쳐 끝내 몸살이다
까치밥으로 남은 홍시 하나
늑골 근처서 달랑거리다 툭,
온몸 적시며 식은땀으로 흥건하다
가을은 하필 늦지도 않고 찾아와서
내 낡은 관절을 쑤시며 콕,
첫사랑을 배신한 죄를 묻는가
모과 향 나던 젖가슴을 가진 여자가
마른 기침으로 찾아온 새벽
거봐라 하며 지나가던 가을이
아직 푸른 처녀의 허리에 손을 감아 꽉,
붉디붉은 단풍들로 숨이 막힌다
절정에 오른 나무들이 얼굴 붉히며
흰 눈 같은 혁명을 기다리는 새벽
늙지도 않는 가을 때문에
마음 다친 사내가
폭설에 갇혀 길을 잃는다

젊은 가을 때문에 사무치면 지는 거라고
비루한 몸들이 소리치지만
속 빨간 단풍을 어찌할 수 없다
어느새 흰 눈이 머리를 덮고
첫사랑의 화인火印도 천천히 지워진다

가을의 눈썹

가을 문턱에서는 눈물샘이 열렸으면 좋겠다
억새밭 너머 햇빛에 반짝이는 강물을
눈물로 맞이했으면 좋겠다
저편 가을 일렁이는 추억 사이로
한 겹씩 옷을 벗는 여인의 숨소리를
눈물로 불러냈으면 좋겠다
눈부신 하루를 주신 누군가에게
눈물 보이며 고맙다고 손 흔들면 좋겠다
누군가 이 가을을 그냥 두고
단풍 사이로 천천히 걸어 들어가겠지만
그 이별조차도 아름다운 눈물이었으면 좋겠다
펑펑 울기도 애매한
메마른 중년의 가을 문턱에서는
눈물을 파는 자판기라도 있으면 좋겠다
어디서 와서 어디로 가는지 모르는 길 위에서
우연히 만난 그대 품에 얼굴을 파묻고
엉엉 울어버릴 수 있다면

이 가을이 좀더 서러울 수 있으런만

나는 가을의 눈썹쯤에 애매하게 서 있거늘

가을밤, 외로운 밤

귀뚜라미 한 마리, 두 귀를 모으고
처마 끝에서 경을 읽는다
생불이 따로 없다, 이 가을엔

가을엔 누구든 시인이 된다

느릿느릿 지렁이, 비 갠 뜨락에
시 한 편을 쓰기에 천천히 따라 읽어본다
내 굼뜬 눈으로는 쉽지 않다

가을엔 지렁이도 시를 쓴다

내가 시를 쓸 차례다
가을이 됐으므로, 가을이니까
아하, 너무 오랫동안 시쓰기를 게을리 했다
귀뚜리미도 외고, 지렁이도 쓰는 시를

쓰기가 참 쉽지 않다
나도 왕년엔 시인이었는데
척하면 한 편씩 시를 쓰던 청년이었는데

가을, 자정이 넘어
살찐 배를 부여잡고 시를 쓰고 싶어 하는
머리 빠진 중년이 저기 누워있다
귀뚜라미도, 지렁이도 가고 없는
자정도 한참인데

어쩌라고, 이 가을

가을비는 만남보다 이별에 익숙하다
이별에 익숙해지는 나이
이 비 그치면 또 누군가가
땅거미를 틈타 이별을 고해올지도 모른다
낙엽 지는 숲길을 향해
산 자들의 가슴을 짓밟고 떠나가겠지만, 또 어쩌랴
가을 단풍은 서럽게 타오르다가 이내
낙엽으로 질 터인데
마음이나 한 자락 비워두고
가을 햇볕 쨍쨍한 날 기다려
꼬들꼬들 말려둬야겠다

가을 햇빛은 늘 사선으로 쏟아진다
명궁의 화살처럼 날아와 가을을 건너는
모든 이의 가슴을 명중시킨다
푸른 잎을 단숨에 붉게 만들고
까투리 한 마리 바람나서 둥지를 떠나게 하는

저 가을은 누구인가
수많은 가을을 보내고도
수줍고 가슴 설레는 이 가을엔
한 번쯤 환장할 일이다
그러지 않고서야 어디
살아 있다고 외칠 수 있을까

어쩌라고 이 가을은 십수 년이 지난 오늘에도
늙어 지친 심장까지 요동치게 하는지
내 허리를 부여잡고 가지 말라고 애원하는지

철 지난 유행가 같은 가을

갠지스 강가에서

여기에선 아무것도 감출 것이 없다
저 침묵으로 흐르는 붉은 강을 보아라
세상의 지치고 서러운 것들을 다 거두어서
저녁 해 사이로 숨는 신의 그림자 따라
지상을 뜨는 갠지스 강물 위로
목숨을 버리는 사람들의 눈물이
아름답게 빛나는 그 저녁

우리들 탐욕이 흘러간 그 자리로
밤이 내려온다, 슬금슬금
무엇 하나 깨울 수 없는 우리들의 부끄러움을
발끝까지 덮어주며 위로하는 어둠 위로
차고 부드러운 달빛이 빛난다
그 침묵의 강 언덕에서
여인들이 하나씩 옷을 벗으며
자궁 가득 충만한 달빛을 꿈꾸고
사내들 몇

이도 저도 아닌 지상의 어디쯤서
조용한 강물에 마음을 싣고
하늘로 떠난 사람들을 새벽까지 생각한다

부끄러워 말라, 얼굴 붉힘은 죄가 아니다
네가 집을 짓고 살고 있는 이 순간
어디에선가 집을 허물고 떠나는 사람이 있듯이
세상은 언제나 그런 풍경으로
넉넉히 버티고 있는 것을
네가 그린 삶의 화폭이 작다고 해서
네가 채색할 공간이 좁은 것이 아니듯
우린 늘 넉넉함을 배울 일이다

갠지스 강물이 붉게 드러나는 새벽
때론 절망하고 희망하는 사람들
넉넉한 강물 따라 흘러가면서
꽃도 그리고, 새도 그리고

때론 지우고 싶은 탐욕도 그리며
다시는 돌아올 수 없는 그 땅까지
사는 법 배우며 돌아가겠지만
오늘도 갠지스는 말이 없고
거대한 눈물의 신전 앞에 꿇어 엎딘 사람들은
침묵이 깊어갈 때마다
또 하나의 옷을 벗으면서
갠지스 강물 앞에 선다

황산벌에서

시뻘건 황토 벌의 어디쯤서
그들이 앉아 생각했을 거라
지는 해 부는 바람 속
피비린내 가시지 않은 그 저녁
고향에 두고 온 아낙과
싸움터에서 죽은 자식 놈 생각하며
뚬벙뚬벙 달기똥 같은 눈물 떨구다
뉘 볼세라, 피땀으로 찌든
전투복 소매에 쓱 문대고
떠오르는 달 멀겋게 바라봤을 거라
어디선가 낯익은 가락
청솔가지 사이를 헤치고
창대 끝 흔들며 퍼져올 때는
발바닥에 달라붙은 붉은 흙 떼어내며
한시름 잊으려 하지만
임금이 무언지, 전쟁이 무언지
봇물 터지듯 설움이 복받쳐 오르고

여기저기서 신음 소리 높아갔을 거라

 이 밤 피리 소리 곱게 퍼지는 적진이
심상치 않다, 일어나라 일어나
군사들아, 그들이 야음을 틈타
네 목을 가지러 온다
임금의 목을 나라의 목을
가지러 온다

황토 벌의 어디쯤
채 가시지 않은 열기에 몸을 기대고
그들이 두 눈 부릅뜨고
불안한 어둠을 바라봤을 거라
내가 여기서 이 시대의 어둠을 바라보듯이
내가 이렇게 그들의 삶을 생각하듯이
그들도 암담한 시대의 끝에 서서
지나간 세월을 생각했을 거라

한 줌 흙에 밴 피와 땀 냄새
터질 듯 가슴 가득 느껴봤을 거라

저승의 강

바람이 부네요 강가에 무성한 갈대들의 목숨이
제 눈물 아래서 수 없이 스러지네요
이승의 목숨과 저승의 목숨을 나눠 마시며
강은 흐르고 까마귀가 된 유혼들은 목 쉰 소리로 울고
있네요

가세요 풀어진 옷고름과 상투 고쳐 매시고
눈물 거두옵고 그만 가세요
어느 위안으로도 당신의 가슴을 잠재울 수 없겠지만
제 가슴은 더 큰 고통으로 들쑤신 걸요

저녁 이슬에 당신의 가슴이 젖어요
이승의 한은 저승의 꽃으로 피고
이승의 눈물은 저승의 이슬로 맺힌다는데
마른 풀잎 위에 눈물 떨구지 말아요

저승의 사공이 강가에 배를 띄우고

죽음의 돛을 올리고 있네요
저 혼자 흐느끼는 강물과 외롭게 따로 핀 연꽃과
강밑을 헤엄쳐 가는 꽃비늘 숭어와 함께라면
저승 문턱까지 저는 외롭지 않을 거에요

어차피 사람은 삼도三島 사이의 길을 떠도는
어리석은 혼일진대
이승에서의 이별을 서러워 말아요
이승에서의 이별은 저승에서의 만남이고
저승은 우리들이 만나 살 수 있는 영원의 섬이 될 거에요

달 밝은 밤 사립문에 기대어
당신을 기다리던 마음으로
매일 저승 문턱까지 나와 기다릴 거에요
사무쳐 사무쳐서 내 가슴 쑥이 되고
쑥이 다시 썩어 흙이 될 때까지
그 흙에서 사랑이 눈물겹게 움터서
저승이 우리들의 나라가 될 때까지

카멜레온에게

정글의 밤은 일찍 온다, 카멜레온
거친 밀림 속에서 너는 용케 살아남았다
단단한 투구 쓰고
탐조등처럼 번뜩이는 눈으로
두려움에 서걱이는 밀림의 밤을 지키며
먹이를 노리는 너는 어쩌면

화산이 거대한 불기둥을 만들고
공룡이 산과 산을 뛰어넘던 시대에
넌 그렇게 작지 않았다
거대한 뿔 우뚝 세우고
부리부리한 눈과 갑옷처럼 단단한 육체로
그 땅을 걸으면
네 발자국마다 호수가 생기고
꼬리가 닿은 곳마다 강이 흘렀다

하지만 카멜레온

너는 그 숱한 무지개 색으로
도시의 나무와 나무 사이를 재빠르게 오가며
푸른 나무에선 푸른색으로
오늘은 갈색의 피부로 갈아타서
나뭇가지에 붙어 있구나
보아라, 수 세기를 지나며 꿈꿔온 신화가
너로 하여 무너지고 있다
푸르디푸른 잎들이
너로 하여 말라가고 있다
우리가 꿈꿀 수 있는 영토가
이 땅에서 사라진다 해도
그러지 말 일이다, 카멜레온
네가 만든 산과 강이
아직도 저리 싱그러운데
소나기 같은 욕망 내다 버리고
신화를 꿈꾸러 떠나자

구두수선공 삼식이

 내 일찍이 찌푸린 바다 위에 돌을 던지고 뒤돌아보지 않고 걸어나왔다. 내 유년의 아버지 메마른 어머니의 눈물샘 더불어 살던 오막살이 집 한 채까지 휩쓸어간 그해 여름 흉포했던 폭풍과 해일을 다시는 기억하지 않으리라 결심했다.

 돌아보아도 바다는 보이지 않고 왕초와 똘마니 친구들이 있는 사람 많은 동네에 살기 시작하면서 바다는 기억하지 않으려 했는데 새우잠 청하는 빈혈의 밤 아버지는 파도가 되어 꿈속으로 밀려들어 베갯잇을 적시고 갈매기 슬픈 울음으로 날 부르는 어머니, 어머니.

 빌딩의 그림자 밑에서 구두를 닦아도 구두 속에 말갛게 빛나는 바다 던지듯 건네주는 은화 속에서 섬뜩하게 묻어나는 고기비늘 이상하여라. 천리길 저 너머 바다가 새로 딴 구두약 빛나는 얼굴 속에 어른거리고 시갈 구두에 멋지게 그려진 갈매기가 희뿌연 도시의 미세먼지 사이로 날아오른다.

  주책없이 눈물이 흐르는 오늘 습관처럼 어금니를 굳게 물고 힘차게 구두코를 문지른다. 이 밤 손때 묻은 내 꿈속에서 빨간 승용차에 하이힐 굽처럼 쪽 빠진 가시내 태우고 고향 바다 찾아가는 꿈 한 편 싱그럽게 꾸어볼 수 있다면 다음날 그 다음날 성한 몸으로 고향바다 구경 갈 수 있다면.

돌아가는 저녁길

늦은 저녁 강변도로 따라
그들이 돌아간다
흔한 바람 한 편 읽지 못한 채
강변의 풀잎 한 수 밟지 못한 채
철늦은 싸락눈 맞으며
천천히 지워진다

괜스레 가슴이 떨린다
흔들리며 달리는 버스 속에서
오늘따라 힘주어 손잡이를 잡고
오래전에 잊어버린 노래 하나
기억하려 하지만
머릿속엔 지친 생활이 먼저 와 눕는다

바람이었을 게다
내가 처음 이 강변에서 너와 마주쳤을 때
날카로운 바늘이었던 너를

내 무딘 실로 꿸 수 있었던 것은
아니 풀잎이었을지 몰라
돌아가는 저녁 불빛 이쪽에서 저쪽으로
너는 풀잎과 바람의 엄마가 되고
나는 그들의 아빠가 되어
강물 따라 흐르고 있지

어린 자식들이
싸락눈 내리는 강변의 풀잎처럼
떨지 않게 하기 위하여
머릿속 가득 지친 생활을 안은 채
흔들리며 돌아가는 그 저녁
아파트 불빛들이
싸락눈 사이로 천천히 지워지다가
강 위에 핀 불빛 송이마다
환하게 빛나고 있다

둥근 마음 모아 당신을 부를 때

이 봄이 서럽게 아름다운 건
천 년을 달려온 꽃들이 타오르기 때문이지
봄이 가기 전에 당신의 가슴 속에
붉은 꽃으로 남을 수 있을까
복사꽃 환한 저녁 꽃잎들이 흩날리면
하나둘 켜지는 지상의 등불
누군가를 사랑한다는 건
가슴 한편에 그리움을 펴는 일
느릿느릿 바쁘지 않게 살아야지
그래야 당신과 오래 사랑할 수 있으니까
사랑도 에돌아 흘러야 한다는 걸 이제야 알았으니
둥근 마음 모아 당신을 불러봐야지
사랑이 한 다발 꽃이 될 때까지

나는 꽃, 너는 별

나는 꽃인가, 불인가, 물인가
삶은 안개와 같으니
뭐라 이름 짓지 말자
저만치 피어 있는 사람들이
도란도란 어깨를 맞대고
상처를 보듬는 시간
내가 바라는 것은
저 상큼한 햇빛 가득 품고
붉디붉은 가슴으로
그대 품에 뛰어드는 거야
제 스스로 붉어진 마음
용케도 들키지 않은 건
비밀이 쌓여 돌처럼 굳었기 때문이지
이제는 심장 한 켠에 불을 지펴
사는 일이 다 꽃일 때
당신에게 날아들어야지
너는 나비인가, 별인가, 바람인가

아픈 별 하나가

별이 함박눈처럼 쏟아지는 여름밤
연금술사들은 쉴 틈이 없겠다
별 하나에 사랑 하나씩 빚다가
가끔씩 눈물을 뿌리기도 하겠지
정원의 해바라기가 고개 숙이는 시간
저녁 별 하나가 수 만개의 별로 뜨고
가끔씩 아프고 아픈 별들이
긴 여운을 남기며 별똥별로 진다
홀로 새벽별이 빛나는 시간
사랑을 빚어내던 연금술사도 잠들고
사랑하다가 지친 별들의 무덤에서
한 방울씩 눈물이 떨어진다
별들이 보낸 선물처럼 이슬이 맺히고
밤새 목말랐던 새들이 목을 축이고
어서 일어나 사랑하라고 지저귄다

비닐우산

파란 비닐우산이 사라졌어요
바람 불면 휙 뒤집혀서
우산살만 앙상하게 남는
추억 같은 비닐우산

빨간 우산, 파란 우산, 찢어진 우산
우리들의 남루襤褸도 함께 사라졌어요
비닐우산 함께 쓰고 골목길 헤매던
청치마 여자애도 물론 없지요

이런 날이면 중국산 검은 우산 다 버리고
하얀 종아리로 찰방거리며 걷는
저 여자, 우산 속으로 뛰어들고 싶어요
비바람에도 쉬 뒤집히는
파란 비닐우산은 어디 있나요

한 사내
— 가수 조영남

화개 장터에서 소쿠리 장사나 하지
소쿠리 가득 충청도 삽다리 인심 담아서
덤으로 복조리까지 얹어주는
뚝심 좋은 소쿠리 장수나 하지

검은 테 안경만 벗으면
시골집 안방에서 구수하게 띄운
메주 한 덩이처럼
어영차 영차 구렁이 담넘 듯
세상 살아갈 사내

화투장 잘게 잘라 만든 당신 그림처럼
삼팔광땡, 삼팔따라지 같은 세상에서
소주잔 기울이다 포장마차 나오면
문득 한 여자가 그리워지는 선득한 중년의 새벽

등짐 하나 메고 홀홀 떠나서

한강 건너 삽다리 지나
화개 장터 어디쯤, 섬진강 어귀 어디쯤
가끔은 눈물도 보이고 바람도 만져보면서
살아보고 싶은 그대는
지금 서울이라는 쇼 무대 위에 서 있지

킬리만자로
― 가수 조용필

피를 토하면서 생각했네, 내 목소리로 세상을 울리고 말겠다고
수십 년도 더 지난 얘기지, 무참하게 세월의 갈기가 잘려나가
단풍이 지고 신화가 물든 지금
세상의 숫돌 위를 소리의 칼날로 누비던 그때를
잊·을·수·가·없·네

가끔씩 노래보다 먼저 눈물이 흐르던 때도 있었네
지나가던 바람을 부여안고 갈 길을 묻기도 했지
생의 뜨거움이 일제히 수런거릴 때마다
불타는 소주로 심장을 칼질하던 순간을
늘·기·억·하·고·있·네

불에는 물로 화답하는 여인들
물에는 불로 화답하는 사내들
그들의 가슴에 불을 지르는 방화범이고 싶네

그 뜨거움이 넘쳐 용암 되어 흘러넘치면
또·어·떤·가

지친 어깨 위로 내리는 빗물조차
감당하기 어려운 그대를 위해
내 목소리 스러지는 그날까지 노래하겠네
언젠가 내 시간이 몇 곡의 노래로 정리되겠지만
아스팔트 지나 돌담길과 만날 그날까지 나는
가·인·으·로·걸·어·가·네

세상에 건널 수 없는 강은 없다
— 가수 한영애

강변을 거닐고 싶다
그대가 불러주는 강의 숨소리 들으며
물푸레나무 같은 그대를 느끼고 싶다
그대 가슴에 귀 기울이며
사는 일 막연히 기대하고 싶다

여울목 건너며 만나는
맑은 강물의 따스함을
뜨겁고도 화려한 반짝임을
나에게 가르쳐준 그대에게
쓸쓸하지만 살 만한 세상의 아름다움을 전한다

그대 긴 머리채처럼
세상은 매끄럽지 못한 코뿔소 사내들과
건널 수 없는 강을 건너려는 사람들로
늘 수런거린다
〉

이젠 저 강을 건널 수 있겠다
가자, 그대와 내가 손잡고
강을 건너고 산을 넘어
이 땅의 코뿔소 만나러 떠나자

구월의 장미
― 가수 이소라

가끔씩 소름 돋는 세상의 이야기를
너를 통해 만난다
가슴보다 눈물이 먼저 알고 너를 맞는다
도도한 구월의 장미, 만추晩秋의 수액들
그들이 숨죽이는 순간에도
네 노래 속에서 역류하는 피
잠들었던 뜨거움들이 일제히 수런거리고
태풍보다 먼저 온 비바람의 거친 포옹으로
사물들이 일제히 몸부림친다
네 노래 속에 흐르던 선홍색 피가
푸른 숲을 온통 붉게 물들이는 가을 저녁
때로는 거칠게 무너지고 싶다
노래 끝에 사무친 이별이나
노래와 노래 사이 침묵까지도
으스러지고 뭉개지도록 포옹하고 싶다
사랑조차 섬뜩하게 하는
이별 또한 생의 가벼움이게 하는

사랑스러운 마녀, 같이 먼 길을 떠났으면 좋겠다
생의 사소함 속으로

해설

사랑의 미학을 노래하는 '목숨의 뿌리'로서의 시쓰기
― 오광수의 시세계

유성호(문학평론가, 한양대학교 국문과 교수)

1. 마음의 문양에 새겨온 삶의 근원적 차원

오광수의 시쓰기는 오랫동안 마음의 문양(文樣)에 새겨온 삶의 근원적 차원을 시인 스스로 기억하고 성찰하는 방법론으로 다가온다. 시인의 마음에 절실하게 다가왔다가 사라져간 순간들은 이제 절절한 기억으로 남아 시인의 삶을 때로는 이끌어가고 때로는 충격하면서 흘러간다. 그 안에는 오랜 시간 몸 속에 묻어두었을 경험적 진실과 가장 구체적인 풍경들이 녹아 있고, 시인이 희원해온 어떤 간절함도 깊이 담겨 있다. 이는 그의 시쓰기가 언어 생성을 통해 존재 생성을 동시에 이루어가는 과정임을 선명하게 알려준다. 그런가 하면 오광수 시인은 역동적 에너지로 가득한 언어를 이번 시집에 가득 풀어놓는다. 한동안 어둑했지만 환하게 밝아오는 신생의 에너지가 시집 안에 충일하다. 그래서 우리가 오광수의 시를 읽는 것은, 사라져가는 시간에 대한 서늘한 예감과 함께, 새롭게 번져오는 신생의 따스한 기운을 한꺼번에 만나는 일과 다르지 않다. 오랜 세월 견지해온 가없는 사랑과 연민의 마음은 이러한 기운을 더욱 아름답게 구현해간다. 그렇게 우리는 오광수의 이번 시집을 두고 사라져가는 것들에 대한 애착과 새롭게 다가오는 신생의 기운을 이채롭게 결속한 세계라 부를 수 있을 것이다. 이제 시인이 마음의 문양에 새겨온 삶의 근원적 차원으로 한 걸음씩 들어가 보도록 하자.

2. '목숨의 뿌리'가 들려주는 생의 역설

대체로 서정시는 삶의 상처와 울음에 대한 위안과 치유의 기능을 떠맡는다. 그 방법은 그때그때의 고통에 즉자적으로 맞서는 대중요법이 아니라, 인생론적 가치의 상상적 탈환을 열망하는 보다 더 근원적인 차원을 지향한다. 오광수 시인은 어둑하지만 진정성 있는 기억과 고백을 통해 자신이 혼신을 다해 살아왔던 오랜 시간을 순간적으로 재구(再構)하면서 그것을 현재적 조건으로 끊임없이 소환해간다. 따라서 그러한 기억과 고백의 원리는 현실로부터 초월하거나 이격하지 않고, 지난날을 현재형으로 반추해가는 모습을 선연하게 보여준다. 이 점은 재차 강조되어 마땅한 그만의 양도할 수 없는 미덕인데, 그렇게 시인은 지나온 낱낱 순간을 재현하면서도 그것을 현재적 삶과 간단없이 연루시키면서 위안과 치유의 순간을 일구어내는 상상력을 우리에게 선사해준다. 다음 작품을 한번 읽어보자.

    우리도 꽃처럼 피고 질 수 있을까
    길고 긴 인생길, 피고 지며 살 수는 없나
    한 번은 라일락이었다가, 이름 없는 풀꽃이었다가
    가끔은 달맞이꽃이면 어떨까
    한겨울에도 눈꽃으로 피어
    동짓날 밤, 시린 달빛과 어우러져
    밤새 뒹굴면 안 될까

맹렬하게 불타오를 땐 아무도 모르지
한번 지면 다시는 피어날 수 없다는 걸
뚝뚝 꺾어서 붉게 흩어지는 동백 꽃잎

선홍빛처럼 처연한 낙화의 시절에
반쯤 시든 꽃, 한창인 꽃이 그립고
어지러웠던 청춘의 한때가 그립네

막 피어난 백목련, 환하기도 해라
저 그늘 아래로 조심스레 한 발씩
저승꽃 피기 전, 한 번쯤 더 피어나서
느릿느릿 고백할 수 있을까
봄바람 가득한 꽃들의 가슴에
사랑한다고 저릿한 고백을 할 수 있을까
단 한번 피었다가 지는 사람꽃

—「우리도 꽃처럼」 전문

'꽃'의 원형심상은 대체로 '아름다움'의 자장(磁場)을 띤다. 청년 나르키소스가 죽어 피어난 수선화가 '꽃=아름다움'이라는 전통적 관념을 선명하게 담고 있다거나, '양귀비'나 '장미'나 '백합' 등이 아름다움의 상징으로 쓰이고 있는 것도 이러한 사실을 방증한다. 다른 한편으로 '꽃'은 숙명적인 한시성을 원형심상으로 거느린다. 가뭇없는 낙화 과정을 통해 모든 존재자의 덧없음을 은유하기 때문이다. 이러한 두 원형심상을 연결하면 '꽃'의 본성은 '짧은 절정의 아름다움'에 있다고 할 수 있다. 이렇듯 '꽃'은 생성과 소멸의 반복적 순환 과정으로 자신의 비유적 몫을 누려온 셈이다. 오광수도 그 '꽃'을 불러 "우리도 꽃처럼 피고 질 수 있을까" 하고 묻는다. 물론 이 물음은 그 불가능성 때문에 더욱 존재론적 전환을 욕망하는 역설의 매혹으로 다가온다. 긴 인생길에서 우리도 '꽃'처럼 그저 "피고 지며 울고 웃으며 살 수" 없겠는가. 아마 불가능할 것이다. 하지만 시인은 '라일락/풀꽃/봄꽃/가을꽃/달맞이꽃'처럼, 심지어는 한겨울 피는 '눈꽃'이 되어서라도 그저 '꽃'이 될 수 있기를 소망해본다. 이때 시인은 자신이 한때 맹렬하게 불타올랐다가 한번 지면 피어날 수 없었던 "사람꽃"이었음을 떠올리면서 "붉게 흩어지는 동백 꽃잎"처럼 처연한 생을 살다가 "반쯤 시든 꽃"이 되어버렸노라고 고백한다. 2인칭으로 설정한 '그대'는 "막 피어난 백목련"인 데 비해, 자신은 '저승꽃'을 예감하면서 생은 그렇게 "어지러웠던 청춘의 한때"를 그리워하는 과정임을 알아가는 것이다. 그 필연적이고 평등한 순환 과정에서 우리는 그저 어둠 쪽으로 "조심스레 한 발씩" 내딛는 것일 뿐이다. 끝내 시인은 이제 막 피어난 '사람꽃'들에게 "봄바람 가득한 꽃들의 가슴에/ 사랑한다고 저릿한 고백을 할 수 있을까" 질문을 하면서 자신이 살아왔던 시간을 불가피한 실존적 조건으로 승인해가는 과정을 보여준다. 그러한 기억 속에서 우리도 삶의 근원적 아름다움과 덧없음을 현재형으로 반추해보게 되지 않는가. 우리도 '꽃'처럼 절정의 아름다움을 보였다가 쓸쓸하게 사라져갈 것이 아닌가. 이러한 실존적 인식은 "삶은 부질없이 부는 바람과 같아/ 어느 땅에도 뿌리내리지 못하고/ 어느 하늘에서도 잠들지 못한"(「화전민의 꿈」)다는 비유와 함께, "쓸쓸하지만 살 만한 세상의 아름다움"(「세상에 건널 수 없는 강은 없다」)을 노래하는 시인의 마음에 충일하게 깃들여 있다. 다음은 어떠한가.

    사랑이 부족한 사람들은
    얼음 풀린 강을 따라
    강물의 끝에 있다는 도시로 떠나고
    보이지 않는 사랑의 단단한 뿌리만이
    언젠가 돌아가야 할 이 땅에
    가슴 묻고 있는 오늘

못자리판 한 귀퉁이에
땅강아지 미꾸리 같은 것들이
고통이라든가 죽음이란 것
아직 모르는지
이슬 맺힌 작은 물풀들을 깨우며
하루를 시작하는데
허리 굽은 노인이 삽을 둘러메고
목숨의 텃밭으로 나온다

수십 년 동안 살아온
고통과 죽음이 예정된 땅에
오늘도 삽을 들이대고
삶이 시작되는 땅은 어디며
삶이 찾아가는 땅은 어디인지를
하늘에 물어보면서 슬픔을 퍼 얹는데
작은 바람의 물결만이 그 주위를 맴돌고
오늘도 그 땅에서
겨우내 죽어 있던 목숨의 뿌리들이 움터 오른다
　　　　　—「이 땅에 살면서 1 - 목숨의 뿌리」 전문

그 아름답고 덧없는 '목숨의 뿌리'는 과연 어떠할까?

시인은 "사랑이 부족한 사람들"과 "보이지 않는/ 사랑의 단단한 뿌리"를 대조적으로 설정하여 사람들은 모두 떠나고 그 사랑의 뿌리만이 "언젠가 돌아가야 할 이 땅에/ 가슴 묻고" 있다고 말한다. 못자리판에서도 고통이나 죽음 같은 것을 까맣게 모르는 "땅강아지 미꾸리 같은 것들"과 달리 "허리 굽은 노인"은 삶의 현장인 "목숨의 텃밭"을 지키고 계신다. 말하자면 시인은 "수십 년 동안 살아온/ 고통과 죽음이 예정된 땅" 곧 "삶이 시작되는 땅"과 "삶이 찾아가는 땅"을 재차 물으면서 오늘도 그 땅에서 목숨의 뿌리들이 움터 오르는 것을 바라보고 "이 땅의 사랑 몇 소절"(「이 땅에 살면서 2」)을 들려준다. 이때 '목숨의 뿌리'를 지키면서 살아가는 노인의 삶은 "어깨 너머로 지는 황혼의 무게를"(「사람 풍경 3」) 보여주면서도 그와 동시에 "야윈 어깨와 어깨로/ 뜨거운 마음과 마음으로/ 단단한 불씨 하나 만들어/ 지상의 빛으로"(「마른 풀들에게」) 타오르게 하는 깊디깊은 근원적 힘을 암시해주는 것이다.

이처럼 오광수의 시에는 '꽃'과 '땅'으로 상징되는 아름다움과 덧없음, 오램과 깊음이 모두 녹아 있다. 그의 시는 시인 자신의 존재론적 기원(origin)이었던 그 오랜 시간이 여전히 아름답고 고통스런 흐름을 이어갈 것이라는 통찰을 개입시키면서도, 나르시시즘의 치명적 자기중심성을 벗어나 삶의 완성형을 지속적으로 추구해간다. 이때 그의 시는 현재형의 문맥 속에서 스스로를 성찰해가는 과정적 실체로 존재하면서, "솟아오르는 푸른 힘만큼/ 밟고 또 밟아야만/ 보리가 올라온다고"(「보리밟기」) 배운 것처럼, '목숨의 뿌리'가 들려주는 생의 역설을 거듭 노래해간다. 가파른 삶을 헤쳐온 시간의 음영(陰影)을, 오랜 비원(悲願)인 그 쓸쓸한 소망이 여전히 우리를 살아가게 하는 근원적 힘임을 믿는 것이다.

3. 사랑의 근원적 아름다움

그런가 하면 오광수의 시는 깊은 사랑의 손길을 우리에게 내민다. 온전한 의미에서의 '사랑'이란 자기애(自己愛) 같은 회귀적인 것이 아니라 호혜적 속성을 띠는 것이겠지만, 그가 노래하는 사랑은 귀환하지 못하는 고독의 목소리나 고통의 기억을 수반하는 때가 많다. 물론 그 안에는 추억으로 남은 사랑의 격정이 만만치 않게 흐르고 있기도 하다. 그것이 가장 깊이 숨겨진 심층의 에너지로 작용하면서 그의 삶은 자신이 겪은 상처에서 솟아나 세상을 관류하다가 새로운 삶의 힘으로 퍼져가는 과정을 밟는다. 이러한 복합성의 사랑이 말하자면 오광수 시의 비밀로 작용하는 것이다. 여기서 우리는 그가 노래하는 '사랑'이 수동적 정동(passive affect)이 아니라 능동적 활동(active activity)임을, 그리고 그가 사랑이 가지는 매혹과 불안을 통해 자신의 생을 노래하는 시인임을 알게 된다.

> 설움도 붉음도 겹이어서
> 우리 생을 닮았구나
> 꽃잎이 많고 붉으면
> 낙화의 아쉬움 또한 곱일진대
> 사는 일 또한 저러해서
> 너무 화사하면 지는 일이 허망하니
> 길가에 제비꽃으로나 피었다가
> 조용히 봄볕이나 즐기다가
> 소리 없이 질 일이다
> 꽃이 피는 일, 또 꽃이 지는 일
> 화사할 땐 모르네
> 그 모두 겹이라는 걸
>
> ―「겹동백」 전문

누구였을까, 맨 처음
저 우울한 가을빛의 세심함을
토기土器의 속살에 담았던
동굴 속의 외로운 남자는
사냥 나간 용감한 동료들
그 빛나는 근육보다
더 단단한 사랑의 끈으로
눈매 고운 그녀 위해
마음의 빛을 담았던
최초의 로맨티스트
오, 가엾은
첫눈이 오기 전에
그들이 돌아올 텐데
그녀는 기꺼이
튼튼한 사내의 품 안에
사뿐히 안길 텐데

―「빗살무늬 토기」 전문

'겹동백'이라는 자연 사물을 통해 사랑의 모순적 복합성을 노래한 시편이다. "그대를 그 누구보다도 사랑합니다."라는 꽃말을 가진 '겹동백'은 "설움도 붉음도 겹이어서" 우리가 경험한 '사랑'의 속성을 그대로 빼닮았다. 붉은 꽃잎이 질 때 아쉬움도 커질 것이지만 '겹동백'은 그대로 겹의 꽃잎을 피워간다. 물론 너무 화사하면 질 때 더 허망할 테니 길가에 핀 제비꽃으로 살다가 소리 없이 사라지는 것이 더 낫지 않겠는가. 화사할 때 이울어갈 것을 예감하지 못하는 것은 더 허망하지 않은가. 그러나 절정의 사랑을 남긴 후 사라져가는 시간은 허망함과는 전혀 다른 아름다움을 가져다주기도 할 것이다. 그래서 이 작품 안에는, 절정의 붉은 꽃잎처럼, 짧은 시간의 매혹처럼, 고독의 목소리가 만만치 않은 격정으로 흐르고 있지 않은가. 그렇게 '겹동백'의 이미지는 "첫사랑의 화인(火印)"(「가을은 늦지 않는다」)처럼 오래도록 남아 "무너진 것들이 아름다운 이 폐허의 봄날"(「봄눈」)을 역설적으로 증언하고 있는 것이다.

나아가 '빗살무늬 토기'를 비유적으로 형상화한 그 다음 시편에서는, 맨처음 우울한 가을빛을 세심하게 토기 속에 담았던 "동굴 속의 외로운 남자"를 불러낸다. 사랑의 끈으로 한 여인을 위해 "마음의 빛을 담았던/ 최초의 로맨티스트"로 그를 명명해보지만, 시인은 사냥 갔던 용감한 사내들이 첫눈 오기 전 돌아오면 그녀가 기꺼이 그 사내들 품에 안길 것이라고 예감한다. 그러나 우리는 여기서 의미론적 반전을 꾀해본다. '빗살무늬'를 사랑의 흔적으로 남겼던 한 사내의 "더 단단한 사랑의 끈"을 통해 "부치지 않은 연서(戀書)"(「까치밥」)를 발견하고, 그가 "지나온 삶의 발자국들이/ 하늘의 별로 뜰 것"(「황야의 늑대」)임을 역설적으로 예감해보는 것이다. "지상에서 가장 먼저 상처 받고/ 가장 먼저 쓰러지며 넘어지는/ 불안하지만 아름다운 사랑"(「봄눈」)이 흐르고, "햇살은 말없이 빗살무늬"(「섬목에 와서」)로 퍼져가는 장면을 황홀하고도 처연하게 바라보는 것이다.

> 비 오는 날엔 초록 나귀를 타고
> 신촌으로 가보자 똘방똘방
> 빗방울 벗 삼아 여울목까지 가보자
> 자동차가 굽이쳐 흐르는 그 이디쯤시
> 희게 빛나는 소녀를 만난다면
> 나귀에 태워 초여름 빗속을 걸어보자
> 두 귀 쫑긋 세운 초록 나귀도 모르게
> 소녀에게 사랑한다고 얘기해보자
> 붉은 입술 사이로 빛나는
> 여름꽃 같은 미소를 마주한다면
> 그대로 한 천 년쯤 소금 기둥 되어

영원히 그대로인 채 남는 사랑

그런 풍경이고 싶다

초록이 수천 번 바뀌는 그날까지

     ―「사람 풍경 2 - 초록 나귀」 전문

 비 오는 날 시인의 마음 속에 남아 있던 오랜 문양이 다시 돋을새김되고 있다. 그때 시인은 "초록 나귀를 타고/ 신촌으로" 혹은 "빗방울 벗 삼아 여울목까지" 가보자고 말한다. 거기서 "희게 빛나는 소녀"를 만나 나귀에 태워 초여름 빗속을 걸어보자는 것이다. 낭만적 정조(情調)에 환상성까지 부여하여 시인은 "두 귀 쫑긋 세운 초록 나귀도 모르게/ 소녀에게 사랑한다고" 고백하는 순간을 상상해본다. "붉은 입술 사이로 빛나는/ 여름꽃 같은 미소"와 함께 "그대로 한 천 년쯤 소금 기둥 되어/ 영원히 그대로인 채 남는 사랑"을 꿈꾸는 것이다. 초록이 수천 번 바뀌는 그날까지 그런 풍경으로 남고 싶은 항구적 사랑에 대한 집착과 열망이 거기 새겨져 있다. 이때 '초록 나귀'는 '접동백'과 '빗살무늬'가 흘려보내는 아름다움과 함께, 오광수 사랑의 시학을 구성하는 환상적 창조물로 느릿느릿 다가온다. 이처럼 오광수의 사랑 시학은 그 저류(底流)에 어둑한 불안감을 드리우고 있지만, 불안과 덧없음을 넘어, 삶의 길목마다 뿌려진 깊은 내상(內傷)과 조우하면서도, 사랑의 근원적 아름다움을 발견하고 또 들려준다. 이때 시인이 지난 시간에 대한 응시의 힘으로 사랑을 발화하는 것은 매우 자연스러운 일이 된다.

4. 시쓰기를 통한 상상적인 존재론적 전회

오광수 시학을 떠받치고 있는 또 하나의 중요로운 권역은, 무심코 지나칠 법한 사소한 순간이나 풍경에 대한 남다른 기억에 의존하는 목소리에 있다. 그리고 우리는 이때의 기억이 대부분 아스라한 그리움과 따뜻한 비애에 의해 감싸져 있다는 사실도 알게 된다. 물론 여기서 말하는 기억이란, 나날을 규율하는 합리적 운동이 아니라, 현재형 속에 화석 형식으로 보존되어 있는 옛 풍경을 재현하고 그때의 한순간을 구성해내는 근원적인 힘을 말한다. 오광수의 시는 이러한 기억의 원리에 의해 충실하게 발화되고 있고 지난 시간을 섬세하게 구성해내고 있다.

파란 비닐우산이 사라졌어요
바람 불면 휙 뒤집혀서

우산살만 앙상하게 남는
추억 같은 비닐우산

빨간 우산, 파란 우산, 찢어진 우산
우리들의 남루(襤褸)도 함께 사라졌어요
비닐우산 함께 쓰고 골목길 헤매던
청치마 여자애도 물론 없지요

이런 날이면 중국산 검은 우산 다 버리고
하얀 종아리로 찰방거리며 걷는
저 여자, 우산 속으로 뛰어들고 싶어요
비바람에도 쉬 뒤집히는
파란 비닐우산은 어디 있나요

―「비닐우산」전문

 시인의 기억 속에 흐릿하지만 확연한 잔상(殘像)으로 남은 것은, 바람 불면 뒤집혀버리던 추억 속의 "파란 비닐우산"이다. "빨간 우산, 파란 우산, 찢어진 우산"은 오래전 유행했던 윤석중 작사의 동요 노랫말이다. 그런 동심과 함께 "우리들의 남루(襤褸)"도 함께 사라져버린 지금, "비닐우산 함께 쓰고 골목길 헤매던/ 청치마 여자애"도 사라진 지 오래다. 이제 하얀 종아리로 걷는 한 여자의 우산 속으로 뛰어들고 싶지만, "비바람에 쉬 뒤집히는/ 파란 비닐우산"은 사라지고 없다. 그렇게 시인은 '비닐우산' 저편에 존재하는 지난 풍경을 통해 새록새록 지난날의 기억을 되살리고 있다. 한때 "암담한 시대의 끝에 서서/ 지나간 세월을 생각"(「황산벌에서」)했던 때도 있었고, "추억의 나이테 속에/ 고향을 묻어버린 물만큼이나 많은/ 서러움이 넘칠 때"(「묻혀져가는 것들을 위하여」)도 있었을 것이지만, 그의 기억은 이렇게 "희디흰 뼈로 남아서"(「화전민의 꿈」) 아직도 그의 삶을 지탱해주고 있지 않은가.

이제 시인의 오랜 기억은 시쓰기를 통해 자신을 깊이 성찰하는 격과 품으로 나아간다. 그리고 실존의 어둠 속에서 시상(詩想)을 길어 말 속으로 펼쳐 넣는 장인적 작법으로 개진해간다. 그만큼 어둠과 빛은 시인의 언어에서 서로를 결속한 채 동서(同棲)하고, 시인은 어둠과 빛의 예감 속에서 더욱 우리의 사유와 감각을 불가능하지만 불가피한 실존적 아름다움으로 이끌어간다. 그것이 바로 가슴에 깊이 묻어둔 시간을 꺼내 스스로 위안과 치유를 수행하는 오광수 시인의 시쓰기 작업일 것이다. 이는 "황야에서 가장 빛나는 꿈 한 편/ 지상에서 가장 아름다운 꿈 한 편"(「황야의 늑대」)인 '시'를 향한 미학적 자의식을 통해 그가 가닿은 아름다운 권역이 아닐 수 없다.

> 아직도 한 움큼의 서정으로
> 이 땅의 서사를 사로잡겠다는
> 몽상 수집광들
> —「시인」 전문

> 수많은 파도에 떠밀려 항구는 저만치 멀어졌다
> 어차피 돌아갈 수 없다
> 삼각파도의 끝에서 물이 새는 조각배 위
> 간신히 버티고 있다
> 돌아보니 항해는 그리 나쁘지 않았다
> 몇 개의 아름다운 섬도 만났고,
> 끼룩거리는 갈매기 날갯짓도 즐거웠다
> 격랑 속에서 한없이 흔들렸고,
> 달빛 없는 까만 밤도 숱하게 지나갔다
> 난파선도 만나고, 쾌속정도 만났지만
> 그들도 항구를 떠나 다시 돌아갈 수 없는 건
> 매한가지다
> 이제 바라는 건 물결 잦은 망망대해 한가운데서
> 낚싯대 드리우고 작은 물고기나 건져 올려

한잔 소주에 취하는 일이다

지나가는 배가 있으면 손이나 흔들어줄 일이다

우리는 모두 항구를 떠났고,

결코 항구로 돌아갈 수 없는데도

가끔씩 멀미 때문에 괴로운 저녁이면

떠나온 포구의 따스한 불빛이 그립다

―「시시한 시」 전문

 오광수가 생각하는 '시인'은 한마디로 "아직도 한 움큼의 서정으로/ 이 땅의 서사를 사로잡겠다는/ 몽상 수집광들"이다. 앞에서 본 '빗살무늬 토기'에 빛을 새겨 넣은 로맨티스트의 모습도 그러하고, '비닐우산'을 회억(回憶)하면서 그 쓸모없음의 쓸모를 상상하는 이의 모습도 시인의 이러한 존재론을 닮았다. 그러나 이러한 비유적 명명에는 시인에 대한 비하나 격하의 의도가 없다. '아직도'라는 말에 시대에 뒤떨어졌다는 함의가 없지 않지만, 오히려 그 안에는 시대 조류를 거슬러 '아직도' 자신의 책무에 충실하다는 역설의 함의도 들어 있지 않은가. 그리고 "한 움큼의 서정" 역시 왜소한 분량이라는 뜻이 아니라 순간적으로 다가오는 '충만한 현재형'으로서의 서정의 원리를 적시한 것이라고 보아야 할 것이다. 그 서정의 원리로 유장하기 짝이 없는 "이 땅의 서사"를 사로잡겠다는 의욕은, 그것이 비록 "몽상 수집광"의 것일지라도, '시'가 아니면 불가능한 함축의 원리라고 내비친 것이다. 그렇게 오광수는 '시'의 상상적, 응축적 기능을 따라 "이 땅의 서사"를 사로잡아간다. 그 안에는 시대가 바뀌어도 "아직 떠나지 않은 문장들이/ 숨죽이며 일렁거리고"(「다산의 말」) 있을 것이다.

 그 다음 시편에서도 '시시한 시'라는 반어적 제목이 보이는데, 시인은 파도에 떠밀려 항구로부터 멀어진 "물이 새는 조각배"를 상상해본다. 그 위에서 위태롭게 버티면서 이제는 돌아갈 수 없음을 느껴본다. 항해하는 동안 "아름다운 섬"들과 "끼룩거리는 갈매기 날갯짓"도 즐겁게 만났고, 격랑과 어둔 밤을 헤쳐 오면서 숱하게 흔들리기도 했고, 이제 "망망대해 한가운데서/ 낚싯대 드리우고" 마음 편하게 살아가는 일만을 그릴 뿐이다. "떠나온 포구의 따스한 불빛"을 그리면서 말이다. 그렇게 "우리는 모두 항구를 떠났고,/ 결코 항구로 돌아갈 수 없는" 사람들이다. 여기서 제목 '시시한 시'는 이 시편에 대한 시인의 평가가 배어 있는 듯이 보이기도 하지만, 항구를 떠나 돌아가지 못하는 이들의 삶을 '시시한 시'로 말하는 듯도 하다. 후자를 따를 경우, 우리는 '시인'으로서의 삶이 돌아갈 수 없음의 필연성으로 그리워하는 "떠나온 포구의 따스한 불빛"에서 발원함을 알게 된다. 그 그리움의 시시함이 바로 '시'가 가지는 시시함과 은유적 등가가 되는 것이다. 하지만 "날아오르는 수천의 날개 사이로 보이는 그리움은/ 지상의 어느 말보다"(「섬목에 와서」) 깊다지 않은가. 그리움의 대상이 되는 모든 것들은 그렇게 오광수 시의 원질(原質)이 되어간다. "큰 파도와 물결들이/ 우리 생을 가로질러 넘나드는"(「해금강」) 순간에도 그것은 "붉디붉은 내 마음을 가져다"(「그 여름의 내 감꽃」)놓으면서 "반짝 빛나며 사라져갈 뿐"(「탈을 위하여」)이다. 단연 아름답고 융융하고 깊지 않은가.

이처럼 오광수 시인의 시쓰기를 통한 상상적인 존재론적 전회(轉回) 경험은, 감각의 쇄신과 인지의 충격을 우리에게 동시에 선사하면서 새로운 세계에 발을 들여놓게끔 해준다. 그의 시는 감각의 쇄신과 인지의 충격을 우리에게 보여주는 뜻 깊은 실례로서, 우리는 그의 시를 통해 삶이라는 것이 단선적 질서에 의해 전개되는 것이 아니라 대립적인 것들이 복합적으로 통합된 채 흘러가는 것이라는 점을 알게 되는 것이다.

5. 감각적 현존을 통한 인간 존재의 해석

우리 시대는 이미 개인의 선택이나 결단 여부를 넘어 자본의 자기 표현인 시장의 영향에서 한 치도 자유로울 수 없다. 서정시의 입법(立法) 기능은 현저하게 줄어들었고 인문적 사유 방식도 제자리를 잃어가고 있다고 할 수 있는데, 이러한 상황에서 미시적 세공보다는 삶의 성찰과 역설적 희망의 시간을 구축해가는 오광수의 시는 매우 값진 서정시의 권역을 개척해가는 사례이다. 그의 시는 고통에 대한 자기 위안과 치유의 속성을 강하게 견지하면서, 어둑한 추억과 진정성 있는 고백을 통해, 사랑과 그리움의 언어를 통해, 삶의 성찰적 담론을 제공하고 있는 것이다.

더불어 그의 시는 따듯하게 지층에 묻혀 있거나 순간적으로 나타나는 아스라한 그리움을 복원하여, 감각적 실재를 넘어선 어떤 근원적 권역을 어루만지는 힘으로 나아간다. 서정의 원리는 사물과 내면의 접점에서 발원되는 과정을 밟아가는 법인데, 오광수의 시는 내면 토로나 세계 탐구라는 양편향을 극복하면서 사물과 내면이 부딪치는 현장이 바로 서정시의 원천이라는 자각을 적극 수반해간다. 그 점에서 그는 사물을 바라보고 그 안에서 비의(秘

義)를 발견하면서 그것을 생의 보편적 이법(理法)으로 승화하는 전형적인 서정의 원리를 완성해가는 시인이다.

서정시의 중요한 원천은 결핍과 부재를 견디는 힘에서 생겨난다. 있어야 할 것들의 부재에 대한 근원적 처방이 바로 서정시가 가진 배타적인 힘일 것이다. 그 점에서 우리가 쓰고 읽는 서정시에 주체와 세계 사이의 조화로운 화음(和音)보다는 날카로운 파열음이 등장하곤 하는 것도 필연적인 일일 터이다. 물론 그렇다고 모든 서정시가 다 파열음을 낼 필요는 없을 것이다. 오히려 그 평균화된 균열 속에서 아직도 순간적으로 드러나는 '충만한 현재형'을 노래하는 것이 서정시의 역설적 기능일 테니까 말이다. 우리가 읽어온 오광수의 이번 시집은 균질적 성취와 내공을 보여주면서, 서정시가 인간 존재를 합리적으로만 인지하는 것이 아니라 감각적 현존을 통해서도 해석할 수 있는 양식임을 보여준다. 그 점에서 그의 시는 서정시가 끊임없이 우리의 현재적 감각을 탈환해가는 예술임을 확인해주는 확연한 물증이 된다.

이번 시집에서 오광수 시인은 사물에 대해 섬세한 기억과 관찰력을 보여주면서, 무릇 '시인'이란 언어를 통해 존재 갱신의 활력과 실존적 자각 사이에서 삶의 형식을 완성해가는 언어의 사제(司祭)임을 새겨간다. 서정시의 덕목인 이러한 고전적이고 조화롭고 심미적인 언어를 통해 그는 '사랑'과 '시'의 깊이를 보여줌으로써 다양하고 견고한 자신만의 시세계를 우리에게 들려준다. 그래서 우리는, 사랑의 미학을 노래하는 '목숨의 뿌리'로서의 그의 시쓰기가 시간이 갈수록 더욱 견고한 형상과 목소리를 얻어, 우리에게 인지적 충격과 함께 위안의 경험을 지속적으로 가져다주기를, 마음 깊이 희원해보는 것이다.

애 지 시 선

002	붉디 붉은 호랑이	장석주 시집
003	붉은 사하라	김수우 시집
004	자전거 도둑	신현정 시집
005	정비공장 장미꽃	엄재국 시집
006	기차를 놓치다	손세실리아 시집
007	바람의 목례	김수열 시집
008	그리운 연어	박이화 시집
009	뜨거운 발	함순례 시집
010	정오의 순례	이기철 시집
011	그 남자의 손	정낙추 시집
012	즐거운 세탁	박영희 시집
013	구룡포로 간다	권선희 시집
014	좋은 날에 우는 사람	조재도 시집
015	여수의 잠	김열 시집
016	축제	김해자 시집
017	뜻밖에	박제영 시집
018	꽃들이 딸꾹	신정민 시집
019	안개부족	박미라 시집
020	아배 생각	안상학 시집
021	검은 꽃밭	윤은경 시집
022	숲에 들다	박두규 시집
023	물가죽 북	문신 시집
024	마늘 촛불	복효근 시집
025	어처구니 사랑	조동례 시집
026	소주 한 잔	차승호 시집
027	기찬 날	표성배 시집
028	물집	정군칠 시집
029	간절한 문장	서영식 시집
030	고장 난 아침	박남희 시집
031	하루만 더	고증식 시집
032	몸꽃	이종암 시집
033	허공에 지은 집	권정우 시집
034	수작	김나영 시집
035	나는 열 개의 눈동자를 가졌다	손병걸 시집
036	별을 의심하다	오인태 시집
037	생강 발가락	권덕하 시집
038	피의 고현학	이민호 시집
039	사람의 무늬	박일만 시집
040	기울어짐에 대하여	문숙 시집